JUNGE WILDE

EIN UNGEWÖHNLICHES (KOCH)BUCH

*Lesen auf eigene Gefahr! Die folgenden
Seiten könnten dein Leben verändern.

ES BEGANN ...

...er-Jahre motivierte ... Koch eine Runde ...tierter Köche, um ...ss die

schlagkräftige Truppe. Viele der ursprünglichen JUNGEN WILDEN wie Stefan Marquard, Kolja Kleeberg, Juan Amador oder auch Holger Stromberg eröffneten ihre eigenen Restaurants, wurden zu festen G...ßen im Business und zu TV-Lieblingen. Für die Pflege der Gemein...

INHALT

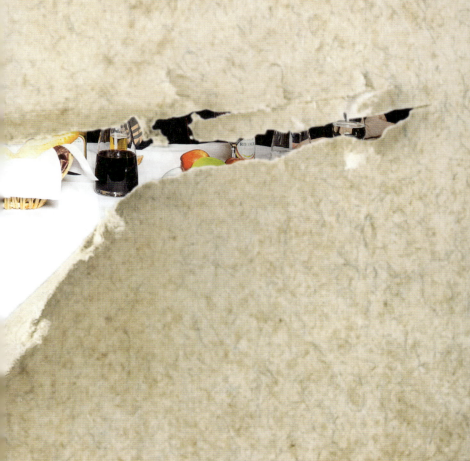

WIE ALLES BEGANN …	6
STILFRAGEN	8
JUAN AMADOR	10
GERALD ANGELMAHR	20
BERND AROLD	32
MARVIN BÖHM	42
STEFAN CSAR	54
FRISCHE FISCHKUNDE	64
MARCO D'ANDREA	66
ROLAND HUBER	76
KOLJA KLEEBERG	88
BIG BEEF DAY	98
STEFAN MARQUARD	100
ALLES AUSSER GEWÖHNLICH	110
MICHAEL NÄHRER	112
BERNIE RIEDER	124
SCHWEINEREIEN	134
OLIVER SCHEIBLAUER	136
MICHAEL WOLF	146
LAMMFROMM UND LECKER	156
ROMAN WURZER	158
OHNE MOOS NIX LOS	168
DAS MAKING-OF	198
REZEPTREGISTER	218
MENÜREGISTER	220
DANKE	222

WIE ALLES BEGANN ...

Anfang der 90er-Jahre motivierte Sternekoch Otto Koch eine Runde engagierter, hochtalentierter Köche, um gemeinsam der Welt zu zeigen, dass die feine Küche nicht bierernst sein muss, sondern so richtig Spaß machen kann. Die JUNGEN WILDEN Deutschland waren geboren. Nach Jahren des großen Erfolges wurde es ruhig um die schlagkräftige Truppe. Viele der ursprünglichen JUNGEN WILDEN wie Stefan Marquard, Kolja Kleeberg, Juan Amador oder auch Holger Stromberg eröffneten ihre eigenen Restaurants, wurden zu festen Größen im Business und zu TV-Lieblingen. Für die Pflege der Gemeinschaft und der Förderung des Nachwuchses blieb leider zu wenig Zeit. Die Vereinigung der JUNGEN WILDEN fiel in einen Dornröschenschlaf. Bis zum 21. Dezember 2004, als sich Stefan Marquard und der ROLLING PIN-Herausgeber Jürgen Pichler kennenlernten und nach einer kreativen Nacht entschlossen, die JUNGEN WILDEN wachzuküssen. Ein jährlich

Was passiert, wenn sich die JUNGEN WILDEN Roland Huber, Stefan Csar, Roman Wurzer, Fabian Ehrich, Bernie Rieder, Stefan Marquard, Marco D'Andrea, Bernd Arold, Michael Nährer, Oliver Scheiblauer, Michael Wolf und Gerald Angelmahr (v.l.n.r.) für 24 Stunden in einer Küche verschanzen? Das verraten wir auf den folgenden 220 Seiten.

stattfindender Kochwettbewerb sollte the next generation der JUNGEN WILDEN hervorbringen.

Heute sind die JUNGEN WILDEN nicht nur einer der größten Kochwettbewerbe in Europa, die Vereinigung hat zudem ihre Strahlkraft durch die Legenden und den neuen JUNGEN WILDEN wieder gefunden.

Dieses Buch soll nun die Philosophie dieser kreativen, unangepassten, hochtalentierten und -dekorierten Köche vermitteln. Zeigen, wohin Passion und Leidenschaft für frische Produkte, verrückte Kombinatio-

von Klassikern und ungewöhnliche Zubereitungstechniken führen können. Und motivieren eigene, neue Wege einzuschlagen.

Wir wünschen beim Lesen und Nachkochen genauso viel Spaß, wie wir bei der Enstehung des ungewöhnlichen Buches

STILFRAGEN

EINMAL LANG UND EINMAL OHNE, HIER BANDANA UND DORT STECKTUCH: WAS STEFAN MARQUARD UND ROLLING PIN-HERAUSGEBER JÜRGEN PICHLER VERBINDET, IST DEFINITIV NICHT DER KLEIDUNGSSTIL. ABER EINE TIEFE FREUNDSCHAFT, DIE LIEBE ZU MARILLEN-ROULADEN UND DER WILLE, ETWAS ZU BEWEGEN.

JETZT MAL FÜR NICHTSAHNENDE: WAS SIND EIGENTLICH DIE JUNGEN WILDEN?

Stefan Marquard: Anfangs, also so gegen 1997, waren wir ein wilder Haufen aus kreativen und eigenwilligen Köpfen, die sich zu einer schlagfertigen Truppe zusammengerauft haben. Wir wollten Lebensfreude, Ungezwungenheit und Spaß am Kochen vermitteln, dem starren Korsett und der Selbstherrlichkeit in unserem Geschäft den Garaus machen. Das heißt: Neue Wege gehen und zeigen, wie geil Küche sein kann. Nach vielen erfolgreichen Jahren wurde es ein wenig still um uns, da wir alle an eigenständigen Projekten und unseren eigenen Restaurants feilten.

Jürgen Pichler: Genau diesen anfänglichen Spirit wollten wir wieder entfachen. Daher haben wir als ROLLING PIN 2004 beschlossen, uns der JUNGEN WILDEN anzunehmen, ihnen durch einen jährlich stattfindenden Kochaward neues Leben einzuhauchen sowie die Marke wieder richtig aufzuladen.

[handschriftliche Notiz: DAS WAHRSCHEINLICH BESTE GASTRONOMIEMAGAZIN.]

WIE ZUFRIEDEN SEID IHR NUN MIT DER ENTWICKLUNG?

Stefan: Besser geht es gar nicht. Der Spirit lebt nicht nur weiter, er hat sich vergrößert. Durch den Kochwettbewerb präsentiert sich jedes Jahr neuer sensationeller Nachwuchs und durch die unzähligen PR-Maßnahmen ist die Marke JUNGE WILDE stärker präsent, als jemals zuvor. Und der Zusammenhalt ist, wie man am Buch sieht, einfach sensationell.

Jürgen: Wir können heute voller Stolz sagen, dass wir mit den JUNGEN WILDEN nicht nur einen der größten Kochwettbewerbe Europas geschaffen haben, sondern auch viele junge Köche dazu motivieren, mutig zu sein und eigene Kreationen zu versuchen. Die Basis dafür ist aber eine fundierte Ausbildung. Das kann man auch bei allen JUNGEN WILDEN sehen. Jede Kreativität fußt auf dem perfekten Beherrschen der Kochkunst. Daher versuchen wir bei unserem Award auch immer Produkte in den Warenkorb einfließen zu lassen, die man nicht als Edelteile kennt. Dass ein Koch ein Steak perfekt zubereiten kann, davon gehe ich aus. Aber die wahre Kochkunst besteht darin, mit Kreativität aus Backerl und Co. unvergessliche Gerichte zu kreieren.

STEFAN, WAS BEDEUTET ES FÜR DICH, EIN JUNGER WILDER ZU SEIN?

Stefan: JUNGER WILDER zu sein ist für mich Freiheit, Revolution – einfach anders sein als die anderen. Und dafür gibt es kein Alterslimit, sonst wäre ich ja nicht der Urvater der geilsten Kochbewegung der Welt und Juryvorsitzender des geilsten Kochwettbewerbes der Welt an sich!

JÜRGEN, WAS STEHT NOCH AN? WOHIN GEHT DIE REISE?

Jürgen: Die Gewinner der JUNGEN WILDEN werden jedes Mal besser und besser. Jedes Jahr denkt man, dass das nicht getoppt werden kann. Um die Zukunft der JUNGEN WILDEN müssen wir uns keine Sorgen machen. Wir werden unseren Weg unbeirrt weiterverfolgen und dafür sorgen, dass man auch in Zukunft viel über die JUNGEN WILDEN hören, lesen und schmecken wird.

JUAN AMADOR

(handwritten: = Mitbegründer der jungen Wilden!)

DISZIPLIN, MUT, ESPRIT: JUAN AMADOR HAT ALLES, WAS EINEN SPANISCHEN EROBERER AUSMACHT. UND DASS ER NUR MIT EINEM KOCHLÖFFEL BEWAFFNET DIE WELTHERRSCHAFT AN SICH REISST, KANN DURCHAUS ALS WOHLSCHMECKENDER GLÜCKSFALL BEZEICHNET WERDEN.

DER CONQUISTADOR

Juan de la Cruz Amador. Schon alleine der Name hat etwas Unzähmbares an sich. Wenig verwunderlich also, dass der Sohn andalusischer Einwanderer neben seinen deutschen 3-Sterne-Kollegen stets ein wenig wirkt, als wäre er die personifizierte dunkle Seite der Küchenmacht. Er lächelt selten, wenn Kameras in der Nähe sind. Man wird ihn niemals mit weißer Kochmütze und bestickter Kochjacke sehen. Und auf seinem Avantgarde-Spielplatz, dem Restaurant Amador in Mannheim, gibt es weder befracktes Servicepersonal noch Kristallgläser, in denen französischer Rotwein serviert wird. Juan Amador macht eben einfach sein Ding, immer schon. Konventionen? Fehlanzeige.

Juan Amador zählt nicht zu jenen Spitzenköchen, die in Interviews erzählen, dass sie immer schon Koch werden wollten, und hat auch keine bessere Antwort auf die Frage, wie es dazu kam, parat außer: „Irgendwann wurde Kochen eben einfach zu meinem Ding." Heute zählt der gebürtige Schwabe mit spanischen Wurzeln unzweifelhaft zu den virtuosesten Vertretern seiner Zunft, die Kombination aus Talent, Disziplin und Kreativität katapultiert ihn früh in die Liga der außergewöhnlichen Köche. Bereits 1997 erkocht er im Restaurant Petersilie in Lüdenscheid gleich vom Fleck weg seinen ersten Michelin-Stern. „Doch dann war ich im elBulli zum Abendessen", erzählt Amador, „und dieser Abend hat viel verändert." Zurück in Deutschland erfindet er sich neu. Er experimentiert, büffelt Chemie, schafft Laborgeräte an, dividiert Geschmäcke auseinander und setzt sie mutig neu zusammen. 2005 eröffnet er sein Restaurant Amador in Langen, 2007 verleiht ihm der Guide Michelin für seine Küche, die damals noch unter dem Label Molekularküche geführt wird, den dritten Stern.

Mittlerweile ist Amador nach Mannheim in ein altes Backsteingebäude umgezogen, und als Molekularkoch will er heute auch nicht mehr bezeichnet werden. Zu Recht, denn was in Mannheim über den Pass geht, ist mehr als heiße Apfel-Luft: Es sind moderne Meisterwerke mit Einflüssen der Küchen Kataloniens, Frankreichs und des Baskenlandes, begleitet ausschließlich von deutschen und spanischen Weinen. Auch bei dieser Entscheidung hat er nicht lange gefackelt. „Kann schon sein, dass so eine Weinkarte ein Wagnis ist. Aber es gibt eben keinen anderen Ort, an dem Deutschland und Spanien sich in jeder Hinsicht näher sind als hier." Und da huscht ihm dann doch kurz ein zufriedenes Lächeln über die Lippen.

„KÜCHENSTIL?
SO ETWAS DEFINIERE ICH NICHT.
DIE KÜCHE BIN ICH."

Das Kultivieren von Genuss!
Was wäre deine erste Amtshandlung als Bundespräsident?

SPIEL, SPASS & CURRYWURST

Auch wenn es nicht so aussieht: Der erste Satz, den der kleine Juan Amador irgendwann Ende der 1960er in einem Dorf namens Strümpfelbach von sich gab, lautete nicht: „Ich will Koch werden." Und auch lange, nachdem er aus der Krabbelphase draußen war, mussten Gedanken an die mögliche Berufswahl noch ein Weilchen jenen an Mädchen und Fußball weichen. Letztere zwei findet er auch heute noch toll, trotzdem gibt es da mehrere entscheidende Unterschiede zum pubertierenden Juan. Erstens macht er heute nur noch ein Mädchen glücklich, und zwar seine Frau. Und bei Fußballspielen der spanischen Nationalmannschaft fläzt er heute lieber vor dem heimischen Fernseher, statt sich in einem Stadion die Füße platt zu stehen. Das mag jetzt nicht sonderlich hip sein, fühlt sich aber verdammt gut an. „Ist doch nichts Falsches daran, irgendwann auch mal ein wenig erwachsen zu werden. Meinen Spieltrieb kann ich ja immer noch in der Küche in vollen Zügen ausleben", sinniert Amador über seine aktuellen Lebens- und Gemütszustände, und beißt genüsslich in das Wiener Würstchen, das ihm sein Sous Chef gerade serviert hat. Mit Austern & Co. kann man den Don Quijote der deutschen Sterneköche nämlich nicht hinter dem Ofen hervorlocken. Das ist auch ein – wenn auch nicht der einzige – Grund, warum man ihn niemals auf Glamour-Partys antreffen wird. Zu viel Chi-Chi, zu viel Prominenz, da fühlt sich einer mit Basis-Erdung nicht wohl. Bei Butterbrot, Currywurst oder Mama Amadors Paella dafür umso mehr. „Ohne diese Paella könnte ich nicht leben. Ich weiß ja bis heute nicht, wie meine Mutter das so hinbekommt. Aber mittlerweile hab ich aufgehört, es ernsthaft zu versuchen."

Das bedeutet allerdings nicht, dass er zu Hause nicht auch hin und wieder mal hinter dem Herd steht. „Dass das einmal passiert, hätte ich mir selbst am allerwenigsten gedacht", schmunzelt er. Mittlerweile sei auch der Kühlschrank immer gut gefüllt, wie sich das für einen Erwachsenen eben so ziemt – oder sagen wir zumindest: ein bisschen Erwachsenen. Denn wenn, so wie an diesem Tag, Spanien im Finale der Fußball-EM steht, dann ist das Kind im Manne nicht mehr zu bremsen. Und dann trifft man einen der besten Köche der Welt mit einer Spanien-Flagge um den Hals auf dem Weg zu seinem Auto. Es geht nach Hause. Auf die Couch.

1968

10. Dezember

findet:
König Juan Carlos cool

liebt:
Krug Champagner

mag nicht:
noch mal nach Moskau

versprüht hier Sternenstaub:
www.restaurant-amador.de

LAUBFROSCH

JAKOBSMUSCHEL

4	Jakobsmuscheln à 30 g
2 EL	Olivenöl
½ EL	Butter
	Maldon-Salz

KALBSBRIES

4 Stk.	Kalbsbries, gegart, à 10 g
1 EL	braune Butter
2 EL	Kalbsjus
	Maldon-Salz, weißer Pfeffer

PETERSILIEN-PÜREE

2 Bd.	krause Petersilie
2 Bd.	Blattpetersilie
1 Pck.	Natron
25 g	braune Butter, kalt, gewürfelt
25 g	Butter, gewürfelt
100 ml	reduzierter Geflügelfond
	Maldon-Salz, Muskatnuss, Pfeffer

PETERSILIEN-GELEE

1,25 g	Agar-Agar
½ Bl.	Gelatine
55 ml	Geflügelfond, reduziert
27 g	Petersilien-Püree
	Maldon-Salz, Muskatnuss, weißer Pfeffer

PETERSILIEN-SAUCE

200 ml	Petersilien-Fond
20 g	Petersilien-Püree
10 g	Butter, gewürfelt

JAKOBSMUSCHEL

Jakobsmuscheln mit wenig Olivenöl von beiden Seiten etwa 2 Minuten scharf anbraten. Mit frischer Butter arrosieren und mit Maldon-Salz würzen.

KALBSBRIES

Kalbsbries würzen und in wenig brauner Butter scharf anbraten. Mit Kalbsjus glasieren.

PETERSILIEN-PÜREE

Petersilie zupfen und in Salzwasser und Natron sehr weich blanchieren. Danach in Eiswasser abschrecken, abtropfen und sehr gut ausdrücken. Bei 70 °C im Thermomix mit der Geflügelbrühe mixen, mit Salz, Pfeffer und Muskatnuss abschmecken und die kalte Butter einmixen. Masse über einer Schüssel mit Eiswasser kalt rühren, in einen Pacojet-Becher einfüllen, tiefkühlen und mehrmals durchlassen.

PETERSILIEN-GELEE

Ein Tablett bei 60 °C warm halten. Gelatine in Eiswasser einweichen, Geflügelfond mit dem Petersilien-Püree und Agar-Agar aufkochen und mit den Gewürzen abschmecken. Die Gelatine ausdrücken und in den nicht mehr kochenden Fond einrühren. Durch ein Sieb passieren und auf das vorgewärmte Tablett gießen. Kalt stellen und danach das Gelee mit dem Ausstecher in Form bringen.

PETERSILIEN-SAUCE

Den Petersilien-Fond in eine Sautese geben und auf die Hälfte reduzieren. Anschließend das Petersilienwurzel-Püree und die Butter mit einem Stabmixer einmixen.

ZUBEREITUNGSZEIT: 2 Stunden | **SCHWIERIGKEITSGRAD:** Mittel

„MAR Y MUTANYA"
SEEZUNGE. RIND. ZWIEBELN.

SEEZUNGE

4	Seezungenfilets à 50 g
1 EL	braune Butter
	Maldon-Salz

SOUFFLIERTE RÖSTZWIEBELN

100 ml	Zwiebelsaft
100 g	Tapioka-Mehl
250 ml	Frittierfett

RÖSTZWIEBEL-CREME

250 g	weiße Zwiebeln
500 ml	Geflügelfond
30 g	Crème fraîche
25 g	Butter, gewürfelt
1,5 g	Agar-Agar
	Forum-Essig, Noilly Prat
	weißer Portwein, Maldon-Salz

RINDERMARK-ESPUMA

200 ml	Kalbsfond, hell, reduziert
180 g	Rindermark, ausgelassen
5 g	Sucro
1,5 g	Xanthan
	Salz, weißer Pfeffer
	Forum-Essig

GEPÖKELTE RINDERZUNGE

2 l	Wasser
1	Zwiebel
2	Lorbeerblätter
5	Wacholderbeeren
10	weiße Pfefferkörner
1	Rinderzunge, gepökelt

SEEZUNGE

Filets vakuumieren und bei 65 °C im Wasserbad etwa 2 Minuten garen. Trocken tupfen, mit der braunen Butter bestreichen, danach scharf anbraten und würzen.

SOUFFLIERTE RÖSTZWIEBELN

Zutaten vermengen und den Teig dünn auf einer Silikonpad-Matte verteilen, dann unter dem Salamander glasig trocknen. Jeweils zwei Teigplatten aufeinanderlegen und mit einem Nudelholz so rollen, dass sie aneinanderkleben. Mit einem Ausstecher runde Formen ausstechen und in 210 °C heißem Fett frittieren.

RÖSTZWIEBEL-CREME

Zwiebeln in Juliennes schneiden und in Butter goldbraun anschwitzen. Mit Noilly Prat und Portwein ablöschen, mit Geflügelfond auffüllen und weich kochen. Danach im Thermomix bei 100 °C mixen und Agar-Agar beifügen. Erkalten lassen, erneut im Thermomix zerschlagen, Crème fraîche zugeben und mit Maldon-Salz abschmecken.

RINDERMARK-ESPUMA

Fond mit Sucro aufkochen lassen. Xanthan zugeben und glatt mixen. Kalbsfond im Thermomix bei 80 °C mixen. Das warme Rindermark langsam einlaufen lassen, bis eine Emulsion entsteht. Mit den Gewürzen abschmecken, in die iSi-Flasche füllen und 2 Gaskartuschen eindrehen. Bei 58 °C warm stellen.

GEPÖKELTE RINDERZUNGE

Wasser mit Zwiebel und Gewürzen aufkochen. Rinderzunge in das heiße Wasser geben und bei mittlerer Hitze 2 bis 3 Stunden garen, danach von der Haut befreien und erkalten lassen. Aufschneiden und rund ausstechen.

ZUBEREITUNGSZEIT: 3 ½ Stunden | **SCHWIERIGKEITSGRAD:** Mittel

BRICK IN THE WALL

GEWÜRZMILCH-CUSTARD

180 ml	Sahne
150 ml	Milch
4	Eigelb
225 g	Valrhona Ivoire
1	Vanilleschote
4 Stk.	Kardamom
1	Zimtstange, halbiert
2 g	Fenchelsamen
1	Tonkabohne

SCHOKOBODEN

50 g	weiße Schokolade
8 g	Rote-Bete-Granulat als Pulver

SCHOKOLACK

100 g	weiße Schokolade
75 g	Kakaobutter
23 g	Rote-Bete-Granulat als Pulver
17 ml	Traubenkernöl

ROTE-BETE-MACCARONS

250 ml	Bio-Rote-Bete-Saft
13 g	Albumin
0,4 g	Xanthan
1 Bl.	Gelatine

ROTE-BETE-HIMBEERSORBET

750 ml	Rote-Bete-Saft
50 g	Himbeermark
37 g	Pro Sorbet
12 g	Glycerin
6 g	Rote-Bete-Granulat

GEWÜRZMILCH-CUSTARD

Milch und Sahne mit gemörserten Gewürzen aufkochen und etwa 6 Stunden ziehen lassen, dann passieren. Milch-Sahne-Mix erhitzen, Eigelb und Valrhona untermengen und 80 Minuten im Ofen bei 120 °C im Wasserbad stocken lassen, danach kalt stellen. Brickformen reinigen und den Custard auf 50 °C im Thermomix glatt mixen. Jeweils 40 Gramm in jede Form füllen und bei –40 °C frosten. Aus lösen und unten glatt streichen.

SCHOKOBODEN

Schokolade temperieren, Granulat unterrühren und ziehen lassen. Die Masse gut vermischen, durch ein Tuch passieren und auf einer Silikon-Matte glatt streichen. Mit einem Gasbrenner die Oberfläche der Schokolade erwärmen, die Bricks auf die Schokolade drücken und die Ränder ausschneiden. Mit einer Palette von der Matte lösen und frieren lassen.

SCHOKOLACK

Schokolade mit Kakaobutter und Öl erwärmen. Rote-Bete-Pulver einmixen, 30 Minuten ziehen lassen, danach wieder mixen und durch ein Sieb passieren. Bei 50 °C in die Lackierpistole einfüllen und die Bricks lackieren. Kalt stellen, dann noch einmal lackieren und wieder erkalten lassen.

ROTE-BETE-MACCARONS

Rote-Bete-Saft auf 100 Milliliter reduzieren, die eingeweichte Gelatine einrühren und kalt rühren. Albumin und Xanthan einrühren, 30 Minuten kühlen und in der Kitchenaid auf Stufe 5 20 Minuten aufschlagen. In einen Spritzbeutel einfüllen, auf die Kunststoff-Excaliburmatte dressieren und bei 60 °C im Excalibur etwa 12 Stunden trocknen.

ROTE-BETE-HIMBEERSORBET

Rote-Bete-Saft in einem Topf reduzieren. Himbeermark mit dem Granulat auflösen und kalt rühren. Pro Sorbet und Glycerin in die kalte Masse mixen und passieren. In der Eismaschine abdrehen, in vorgekühlte Pacojet-Becher füllen und 12 Stunden vor Gebrauch pacossieren.

ZUBEREITUNGSZEIT: 4 Stunden (ohne Ruhezeit) | **SCHWIERIGKEITSGRAD:** Schwer

GERALD ANGELMAHR

= Junger Wilder 2007 und stig suchender

DER JUNGE WILDE 2007 KOCHTE DIE KONKURRENZ BEIM BEWERB REGELRECHT AN DIE WAND. AKRIBISCHE VORBEREITUNG UND NERVENSTÄRKE BRACHTEN IHM DEN TITEL. UND MACHEN IHN ZU EINEM DER INTERESSANTESTEN KÖCHE DER WALZER-METROPOLE.

MEINE STADT, MEINE KÜCHE

Um ein großartiger Koch zu werden, muss man ins Ausland gehen und Erfahrungen sammeln. Richtig? Was manche Köche betrifft, vielleicht schon. Aber wie sonst auch bestätigt in diesem Fall die Ausnahme die Regel. Und diese Ausnahme heißt Gerald Angelmahr. Denn seine Stadt ist Wien. Und damit fährt er mehr als gut. Die Luxusadressen der Walzer-Metropole haben es dem JUNGEN WILDEN 2007 dabei besonders angetan: Denn nach der Lehre im 5-Sterne-Luxus-Hotel Imperial ging es für einen Abstecher ein paar Häuser weiter ins Hotel Le Méridien am Parkring, ebenfalls dekoriert mit fünf Sternen. Der Wiener Innenstadt sollte der heimatverbundene Überflieger auch danach noch ein Weilchen erhalten bleiben. Denn im renommierten Gourmetrestaurant Meinl am Graben war der bodenständige Niederösterreicher für die Komponente auf dem Teller verantwortlich, mit der ein Menü steht oder fällt: die Sauce. Wie sich herausstellen sollte, eine seiner liebsten Disziplinen. Denn nach einer Saison am Wörthersee kehrte der damals 25-Jährige dorthin zurück, wo für ihn alles begonnen hatte. Und zwar als Chef-Saucier ins Hotel Imperial am Parkring in Wien. Monatelang bereitete Angelmahr sich dort neben seinem „normalen" Job auf die Herausforderung vor, die ihm schon lange unter den Fingernägeln brannte. Die JUNGEN WILDEN. Wie sich beim Wettbewerb bald zeigte, hatte der Aufsteiger seine Aufgaben mehr als gemacht. In der Woche davor nahm Angelmahr sich sogar Urlaub, um rund um die Uhr zu proben. Nerven aus Stahl und Kombinationen wie „Glacierte Kalbsfledermaus in Pommery-Senf-Sauce mit kleinem Radler" stellten schnell klar: Der JUNGE WILDE 2007 ist Gerald Angelmahr.

Ein Karriereboost, der ihm die Beförderung zum Sous Chef einbrachte. Sein Kochtalent und seine unheimliche Nervenstärke ließen ihn sogar Spitzenkoch Reinhard Gerer als Chefkoch in der Wiener Institution, dem Restaurant Corso, nachfolgen. Zu große Fußstapfen für Angelmahr, wie einige meinten. Doch der Kreativ-Koch wäre kein JUNGER WILDER, wenn er Kritikerstimmen nicht sofort durch ausgefeilte Kochkunst hätte verstummen lassen. Und trotzdem: Heute möchte der smarte Koch sein eigenes Ding durchziehen. Sich kulinarisch hundertprozentig verwirklichen. Und das am besten in einer kleinen, aber feinen Küche, von der aus der JUNGE WILDE seinen Gästen zusehen kann, wie seine Geschmacksbomben auf deren Gaumen explodieren.

Wer glaubt, etwas zu sein, der hat aufgehört, etwas zu werden

Verrate uns mal deine Lebensweisheit!

STILLE WASSER, HOHE WOGEN

Schulnoten sehr gut. Betragen zufriedenstellend. „In der Schule habe ich immer den Kasperl gemacht. Ich konnte nicht still sitzen." Fast unvorstellbar, wenn man sich Gerald Angelmahr heute so ansieht, wie er mit einer Ruhe, die an die eines Gandhi grenzt, die Tomatenstauden auf seinem ausladenden Balkon zurechtzupft.

Aber stille Wasser sind ja bekanntlich tief und der gebürtige Schwechater ist definitiv ein sehr stilles Wasser. „Beim Kochen liegt es manchmal einfach daran, dass ich konzentriert arbeite. Aber eigentlich dauert es auch sehr lange, bis mich irgendetwas wirklich aufregt." Denn Gerald Angelmahr hat die Ruhe weg, und das nicht nur in seiner Wohnung in Schwechat, seinem allerliebsten Rückzugsort, sondern auch im stressigen Berufsleben. „Vielleicht, weil ich genug Ausgleich habe. Ich mache regelmäßig Sport. Wenn ich an der Donau entlanglaufe oder mit dem Fahrrad unterwegs bin, dann werde ich richtig frei im Kopf", versucht der große Schlanke seine beinahe schon buddhistische Ruhe zu begründen.

Und nur weil jemand nicht lauthals schreiend im Kreis herumhüpft, heißt das nicht gleich, dass dieser Jemand nicht auch ordentlich Gas geben kann. Das können so ziemlich alle Köche Wiens bestätigen. Denn der JUNGE WILDE umgibt sich auch privat am allerliebsten mit Freunden aus der Branche. „Das hat sich so ergeben. Mit einem meiner liebsten Freunde war ich schon gemeinsam in der Lehre." Daher geht es für Angelmahr and friends meistens auch später als für Bürohengste und -stuten auf die Piste. „Direkt nach der Arbeit, so gegen elf Uhr, treffen wir uns auf ein Bier und legen dann erst so richtig los." An den freien Tagen genießt der Niederösterreicher aber am liebsten die Ruhe und kümmert sich um seine Pflänzchen am Balkon. Dann und wann startet er mit seinem Vater auch eine gemütliche Heurigentour oder einen netten Spaziergang in der Umgebung. Beim Schwammerlsuchen hat der Naturbursch schließlich schon als Junge etwas Extra-Taschengeld verdient. „Und diese dann daheim mit meiner Mama einzukochen, war erst ein Spaß." Mit 15 stand der Rockmusik-Fan dann am Scheideweg – werde ich Elektriker wie der Papa oder doch etwas anderes? Zum Glück dürfte das Schwammerlkochen dann doch richtig lustig gewesen sein.

21. August

ist:
immer die Ruhe selbst

liebt:
Haselnusseis
von Tichy in Wien

hasst:
kaffeefrei in den
Tag zu starten

BRETONISCHE SARDINE
MIT BLUTWURST, GRANNY SMITH, LARDO UND SCHWARZEM KNOBLAUCH

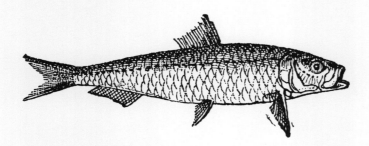

SARDINEN

2	Sardinen
50 g	Entenschmalz
100 g	Blutwurst
2	Scheiben Lardo
6	Knoblauch, schwarz, fermentiert
	Olivenkraut
	Olivenöl
	Gundelrebenblüten

APFELGELEE UND -FOND

3	Äpfel
1 TL	Maisstärke
0,6 g	Agar-Agar pro 100 ml

SARDINEN

Sardinen schuppen, säubern und sorgfältig filetieren. Das Entenschmalz auf 55 °C erhitzen, das Olivenkraut beigeben und die Sardinen vorsichtig einlegen, sodass die dünne Haut der Sardine nicht verletzt wird. Die Filets für etwa 4 bis 6 Minuten je nach Stärke der Sardine im Entenfett pochieren lassen.

APFELGELEE UND -FOND

Einen Apfel waschen, vierteln und mit der Schale entsaften. Den Saft durch ein Passiertuch abseihen. Die Flüssigkeit in einen kleinen Topf geben, das Agar-Agar einrühren und zum Kochen bringen. Den Saft etwa eine Minute gut durchkochen lassen, nochmals durch ein Passiertuch abseihen und anschließend kalt stellen.

Für den Apfelfond die restlichen Äpfel entsaften und abseihen. Den Saft aufkochen und mit Maisstärke leicht abbinden. Danach kalt stellen. In der Zwischenzeit die Blutwurst in gleichmäßige Streifen schneiden und kurz in Öl beidseitig anbraten.

ANRICHTEN

Pochierte Sardine aus dem Entenfett nehmen, vorsichtig das überschüssige Öl abtupfen und abwechselnd mit der Blutwurst und dem Lardo belegen. Auf dem Teller anrichten, mit dem Apfelfond untergießen und mit fermentiertem Knoblauch sowie Gundelrebenblüten ausgarnieren.

ZUBEREITUNGSZEIT: 30 Minuten | **SCHWIERIGKEITSGRAD:** Mittel

KNUSPRIGER HUMMER – GESCHMORTER OCHSENSCHWANZ
MIT HAFERWURZEL UND RADIESCHEN

HUMMER

1	Hummer
1 Stk.	Kadaifiteig
500 ml	Erdnussöl
	Meersalz
	Olivenöl
	Zitrone

OCHSENSCHWANZ

500 g	Ochsenschwanz
¼	Knolle Sellerie
1	Zwiebel
1 EL	Tomatenmark
1	Thymianzweig
150 ml	Rotwein
50 ml	Portwein
500 ml	Rindssuppe

ANRICHTEN

6	Radieschen
	Haferwurzelblätter
	Weizenmehl, glatt
	Olivenöl
	Salz, Pfeffer

HUMMER

Wasser mit Meersalz zum Kochen bringen, den Hummer für 2 Minuten ins kochende Wasser geben und kalt abschrecken, die Scheren abtrennen und für weitere 2 Minuten im Wasser ziehen lassen.

Den Hummer ausbrechen, mit Olivenöl, Zitrone und Meersalz würzen. Anschließend in den Kadaifiteig einschlagen. Erdnussöl erhitzen und den eingerollten Hummer darin goldbraun herausbacken.

OCHSENSCHWANZ

Den Ochsenschwanz salzen, pfeffern, in Mehl wenden und in Olivenöl von allen Seiten gut anbraten. Aus dem Topf nehmen. Zwiebel in Würfel schneiden. Olivenöl erhitzen, Zwiebel darin goldbraun anrösten. Wurzelgemüse und Tomatenmark beimengen und kurz mitrösten. Ochsenschwanz und Thymian dazugeben, mit Rot- und Portwein ablöschen und mit der Rindssuppe aufgießen. Ochsenschwanz im Backofen bei 180 °C schmoren, bis sich das Fleisch von Knochen und Knorpeln lösen lässt (in etwa 2 bis 3 Stunden). Den Ochsenschwanz aus der Sauce nehmen, die Sauce durch ein Sieb gießen und abschmecken. Ochsenschwanzfleisch in der Sauce warm halten.

ANRICHTEN

Die Ochsenschwanzstücke gemeinsam mit dem knusprigen Hummer, den marinierten Radieschen und den Haferwurzelblättern anrichten.

ZUBEREITUNGSZEIT: 4 Stunden | **SCHWIERIGKEITSGRAD:** Mittel

WEISSES "IVOIRE" SCHOKOLADENTÖRTCHEN
MIT BROMBEERE UND ZIRBENESSIG

BROMBEERKERN

8 g	Zucker
8 g	Pektin
25 g	Brombeerpüree
25 ml	Brombeersaft
1 Bl.	Gelatine

SCHOKOLADENMOUSSE

40 g	Ivoire-Kuvertüre, weiß
30 ml	Sahne
1 Bl.	Gelatine
1	Eigelb
15 g	Zucker
60 ml	Sahne
1	Biskuitscheibe

BROMBEER- UND ZIRBENGELEE

25 ml	Brombeersaft
25 g	Brombeerpüree
0,6 g	Agar-Agar pro 100 ml
25 ml	Zirbenessig
25 ml	Portwein, weiß
0,6 g	Agar-Agar pro 100 ml

SCHOKOTRÜFFEL MIT PISTAZIE

25 ml	Sahne
25 ml	Kondensmilch
100 g	Schokolade (51 %)
	Pistazien, gehackt
	Kuvertüre

BROMBEERKERN

Alle Zutaten vermischen, in einer Kasserolle aufkochen und die eingeweichte, ausgedrückte Gelatine beigeben. Kalt stellen.

SCHOKOLADENMOUSSE

Die weiße Kuvertüre zerkleinern und über Wasserdampf schmelzen lassen. Die Sahne aufkochen, danach die ausgedrückte Gelatine darin auflösen. Anschließend zur Schokolade mengen und glatt rühren. Das Eigelb mit dem Zucker aufschlagen und zur Schokolade mengen. 60 Milliliter Sahne steif schlagen und unterheben. Die Masse in Ringe füllen und je einen Brombeerkern in der Mitte platzieren. Mit einer Biskuitscheibe abdecken und gefrieren lassen.

BROMBEER- UND ZIRBENGELEE

Für das Brombeergelee den Brombeersaft und das Püree in eine Kasserolle geben, das Agar-Agar einrühren und gut eine Minute durchkochen lassen. Das noch heiße Gelee flach auf ein Blech oder einen Teller gießen und abkühlen lassen.

Für das Zirbengelee den Zirbenessig und den Portwein in eine Kasserolle geben, das Agar-Agar einrühren und eine Minute durchkochen lassen. Das Gelee in einer Form abkühlen lassen und anschließend in Würfel schneiden.

SCHOKOTRÜFFEL MIT PISTAZIE

Die Sahne mit der Kondensmilch aufkochen. Die zerkleinerte Schokolade beigeben. Die Ganache glatt rühren, anschließend zu kleinen Kugeln formen und auf Backpapier setzen. Auskühlen lassen. Die Trüffeln in zerlassener Kuvertüre glasieren und in gehackten Pistazienkernen wälzen.

ZUBEREITUNGSZEIT: 3 Stunden | **SCHWIERIGKEITSGRAD:** Schwer

WELCHER SUPERHELD

WOLVERINE
Michael Nährer

DON QUIJOTE
Juan Amador

HULK. IMMER MIT DEM KOPF DURCH DIE WAND
Bernd Arold

DIE RATTE AUS RATATOUILLE
Roland Huber

IRON MAN
Marco D'Andrea

DONALD DUCK
Kolja Kleeberg

HOMER SIMPSON :)
Stefan Csar

IST SO WIE DU?

DER UNGLAUBLICHE MR. INCREDIBLE
Stefan Marquard

KEINER
Gerald Angelmahr

BATMAN HAT GENAU SO SELBSTGEBAUTE TECHNIK WIE ICH. ODER MAC GYVER ER BASTELT GENAU SO GERNE. WIE ICH SELBST AUCH.
Marvin Böhm

RATATOUILLE
Roman Wurzer

BUGS BUNNY
Bernie Rieder

SON GOKU
Michael Wolf

MEIN SOHN JULIAN
Oliver Scheiblauer

BERND AROLD „THE HARDCORE-CHEF,

ist aber trotzdem ein ganz lieber!

DASS BERND AROLD SCHUBLADENDENKEN ABLEHNT, IST AUGENSCHEINLICH. DASS AUCH SEINE KÜCHE ALLES ANDERE ALS GEWÖHNLICH IST, VERSTEHT SICH DABEI EIGENTLICH VON SELBST. DENN WO AROLD DRAUFSTEHT, IST EBEN EINFACH GESELLSCHAFTLICHER HARDCORE DRIN.

VOLL GESELLSCHAFTSFÄHIG

Dirndl, Weißwurst und Schickeria. Nein, für seinen Punk ist München nicht zwingend bekannt. Zumindest war das so, bis ein Typ mit tief sitzenden Hosen, einer ausgeprägten Vorliebe für Bands mit klingenden Namen wie „Sick of it all" und jeder Menge Tattoos in der Augustenstraße ein Lokal aufsperrte. Der Hardcore-Schuppen heißt Gesellschaftsraum, der Koch Bernd Arold und die Küchenlinie, mit der er seit 2008 das Gourmetvolk begeistert, Willkürbiercorecooking. Auf die Frage, was darunter genau zu verstehen sei, antwortet der bayerische Kitchenpunker ungern. „Das soll eigentlich jeder für sich selbst herausfinden", sagt er, fügt aber dann gleich hinzu, dass es vor allem „um positive Willkür geht. Probiere dich aus und achte nicht auf die Regeln."

Geht es nach dem Wegbegleiter Stefan Marquards, mit dem er gemeinsam in Marquards 3 Stuben in Meersburg werkte, dann ist die einzige Regel im Leben die, dass Regeln gebrochen werden müssen. Wer einmal im Gesellschaftsraum Platz genommen hat, dem wird schnell klar, was damit gemeint ist. Da wäre einerseits die bemerkenswerte Tatsache, dass sich in der Küche zwar wohl ein bunter Haufen durchgeknallter Draufgänger tummelt, im Gastraum aber Banker neben Punker und Student neben Promi hockt. Und alle speisen in friedlicher Eintracht von feinstem weißem Porzellan und beseitigen mit Damast-Servietten die Reste von Aprikosenlamm und pochiertem Seeteufel. Damit wären wir auch schon bei Punkt zwei der Bemerkenswertigkeiten angelangt: den Kreationen des überzeugten Querdenkers Bernd Arold. Auf seinen Tellern findet zusammen, was auf den ersten Blick nicht zwingend füreinander bestimmt scheint. Fisch und Fleisch sind so ein Arold'sches Traumpaar: „Die müssen bei mir immer zusammen auf den Teller. Mit einem zarten, toll gewürzten Fisch und einem schön geschmorten Stück Fleisch lassen sich hammermäßige Effekte erzielen." Lieblingsprodukte kennt er aber nicht, das würde ihn in seiner Freiheit einschränken. In den Topf wandert, was Saison hat oder einer seiner Jungs auf dem Weg zur Arbeit kurz entschlossen einpackt. Die Speisekarte ändert sich also jeden Tag, nur das eine oder andere Gewürz, in das Arold sich wieder mal verknallt hat, taucht unter Umständen ein paar Mal auf. Aber unabhängig davon, ob er jetzt gerade eine Kümmel- oder Rosmarin-Phase hat – am Ende steht immer ein geschmacklich und optisch eindrucksvolles Endergebnis. Zumindest eine Konstante gibt es also doch an diesem Ort.

Musik zum Kochen ist wichtig und Rosmarin

Auf welche Zutat könntest du niemals verzichten?

ES MUSS LAUT SEIN...

... damit es gut werden kann. Zumindest gilt diese Regel immer dann, wenn Bernd Arold sich in der Nähe eines Herdes befindet. Da muss nämlich „Hatebreed", eine amerikanische Hardcore-Metal-Crossover-Band, auch die kleinste Karotte bis ins tiefste Innere erschüttern. „Sonst wird das hier herinnen nichts, das zeigt die Erfahrung", grinst er. Sein Lebensmotto Hardcore for Life nimmt der Mann mit den Unmengen an tollen Bildergeschichten, die in seine Haut geritzt sind, nämlich in jeder Hinsicht wörtlich. „Das macht doch bitte keinen Unterschied, ob ich eine Kochschürze umgeschnallt habe oder nicht. Und wenn es etwas gibt, das ich nicht leiden kann, dann ist es fehlende Authentizität. Ich gehe halt lieber mit dem Kopf durch die Wand, als mich zu verbiegen. Und ganz offensichtlich ist und war das bis jetzt nicht unbedingt die schlechteste Taktik."

Entwaffnende Sätze wie diese hat Bernd Arold haufenweise auf Lager, und das macht ihn nicht nur zu einem der besten, sondern auch charismatischsten Köche Deutschlands. Apropos Deutschland: Der Soundtrack zu Bernd Arolds Leben kommt zwar vorwiegend aus Amerika und mit dem amerikanischen Food-Hunter und TV-Star Anthony Bourdain würde er auch gerne mal ein Weilchen um die Welt tingeln – ansonsten ist Arold aber in mancherlei Hinsicht ganz schön deutsch. Privat schlägt sein kulinarisches Herz unter anderem für ein typisch bayrisches Getränk: Augustiner-Bier. „Ein flüssiges Lebenselixir und mit Abstand das beste Bier der Welt!", preist er das kühle Blonde, mit dem er ab und an auch mal eine ordentliche Portion Currywurst mit Pommes runterspült. Spätnachts und mit leerem Magen lebt nämlich auch der freakigste Spitzenkoch nicht von Hopfen und Malz alleine, „auch wenn Bier mich wirklich glücklich macht".

Und was braucht der gebürtige Rüdesheimer sonst noch zum Glücklichsein? Da muss er nicht lange grübeln. „Mit einer Hardcore-Hymne von Pennywise, Rosmarin, Spaghetti bolognese und Stefan Marquard gemeinsam in einer Küche kann man mich schon ziemlich glücklich machen. Aber gegen meine wunderbare Frau und die schönen Augen meiner Tochter können sie alle nichts ausrichten." Gar nicht so wild, der Junge.

1974

26. April

träumt:
vom Kochen

liebt:
Tattoos

hasst:
Atomkraft und
Massentierhaltung

rockt hier die Küche:
www.der-gesellschaftsraum.de

SÜSSHOLZ-OCHSENBACKE MIT KAMILLEN-HUMMER
AUF RADIESERL-RHABARBER-BARBA DI FRATE

SÜSSHOLZ-OCHSENBACKE

2	Ochsenbacken
1	Zwiebel
1	Pastinake
1	Fenchel
500 ml	Cranberrysaft
500 ml	Kirschsaft
500 ml	Maracujasaft
500 ml	Hefeweißbier
100 ml	Jägermeister
2 EL	geschnittenes Süßholz
	Salz, Zucker

KAMILLEN-HUMMER

2	Hummer
2 EL	Kamillenblüten
1 l	Apfelsaft
500 ml	Kombucha Quitte
2	Lorbeerblätter

RADIESERL-RHABARBER-BARBA DI FRATE

2	rote Zwiebeln
2 Stg.	Rhabarber
4	Radieserl
1 Bd.	Barba di frate (Mönchsbart)
200 ml	Rhabarbersaft
100 ml	Tonic Water
1 TL	Currypulver
1 TL	Szechuan-Pfeffer
	Salz, Zucker

SÜSSHOLZ-OCHSENBACKE

Die Ochsenbacken von Sehnen befreien, salzen und in Pflanzenöl in einem Topf beidseitig anbraten. Fleisch aus dem Topf nehmen und darin die klein gewürfelte Zwiebel, Pastinake und Fenchel anbraten. Wenn das Gemüse Farbe hat, mit Salz und Zucker würzen, das Süßholz dazugeben und 2 Minuten karamellisieren lassen. Dann mit Cranberrysaft, Kirschsaft, Hefeweißbier, Maracujasaft und Jägermeister ablöschen. Die Flüssigkeit leicht zum Kochen bringen, die Backen zugeben und 2 Stunden leicht kochen lassen, bis sie weich sind. Aus dem Fond nehmen und durch ein Sieb passieren. Den Fond dickflüssig einkochen und nochmals mit Salz und Zucker abschmecken.

KAMILLEN-HUMMER

Apfelsaft und Kombucha mit Lorbeer und Kamille aufkochen. Die Hummer in dem Fond 6 Minuten kochen lassen und danach in Eiswasser abschrecken. Den Fond auf ein Drittel einreduzieren lassen. In der Zwischenzeit das Hummerfleisch von der Karkasse lösen. Wenn der Fond einreduziert ist, durch ein feines Sieb passieren.

RADIESERL-RHABARBER-BARBA DI FRATE

Rhabarber schälen und klein schneiden, die roten Zwiebeln in Streifen schneiden und in Pflanzenöl in einer Pfanne anbraten. Mit Salz und Zucker würzen und mit Rhabarbersaft und Tonic Water ablöschen, etwas Curry dazugeben und 5 Minuten kochen lassen. Dann die geviertelten Radieschen zugeben und von der Hitze nehmen. Mönchsbart grob schneiden und kurz vor dem Anrichten in das warme Chutney geben. Die Ochsenbacken in Scheiben schneiden und im Süßholzfond warm legen. Den Hummer vorsichtig 2 Minuten im Kamillefond aufwärmen und alles auf dem Chutney anrichten. Den Ochsenfond als Sauce benutzen.

ZUBEREITUNGSZEIT: 3 Stunden | **SCHWIERIGKEITSGRAD:** Schwer

HOPFEN-VERBENA (RADLER) MIT GEFILTERTER KANINCHEN-ESSENZ
MIT GUAVEN-RAUCHAAL-BRULÉE UND AALIGEM NORI-KANINCHEN AUF VANILLE-SELLERIE

KANINCHEN & KANINCHEN-ESSENZ

1		Kaninchen-Rücken, am Knochen
100 g		Sellerie
100 g		Karotten
100 g		Zwiebeln
1 l		Apfelsaft
1 l		Ginger Ale
500 ml		Weißwein
500 ml		Birnensaft
2	Stk.	Zitronengras
2	Zweige	Salbei
2	Zweige	Estragon
		Öl, Salz, Zucker

GUAVEN-RAUCHAAL-BRULÉE

500 g		Rauchaal
2		Nori-Blätter
250 ml		Sahne
250 ml		Guavensaft
5		Bio-Eigelb
2 EL		Muscovado-Zucker
		Majoran
		Salz

VANILLE-SELLERIE

500 g	Sellerie
1 l	Kokosmilch
500 ml	Maracujasaft
1	Vanilleschote

HOPFEN-VERBENA

2 EL	Eisenkraut (Verbena)
2 EL	Hopfenblüten, geschnitten

KANINCHEN & KANINCHEN-ESSENZ

Kaninchen-Rücken vom Knochen lösen, sodass der Bauchlappen am Rücken bleibt. Knochen im Ofen 45 Minuten bei 200 °C rösten. Gemüse würfeln und in einem Topf mit Pflanzenöl anbraten. Mit Salz und Zucker würzen, mit Apfelsaft, Ginger Ale, Weißwein und Birnensaft ablöschen, aufkochen lassen und dann klein geschnittenes Zitronengras, Estragon, Salbei und die gerösteten Kaninchen-Knochen dazugeben. Alles 2 Stunden köcheln lassen, dann abpassieren. Vor dem Servieren die Bauchlappen des Kaninchens mit einem Ausbeinmesser einritzen und die Aalfilets im Nori-Blatt am Rücken mit dem Bauchlappen einwickeln. In eine gefettete Alufolie einwickeln und in einer Pfanne mit Pflanzenöl beidseitig kurz anbraten. Im Ofen bei 200 °C für 5 Minuten fertig braten.

GUAVEN-RAUCHAAL-BRULÉE

Die Haut vom Aal abziehen. Haut mit Guavensaft, Sahne, Majoran und Salz 5 Minuten kochen lassen. Eigelb trennen und mixen, dann unterrühren und die kochende Guavenflüssigkeit auf die Eigelb gießen. Eine Stunde kühl stellen. Dann die Aalhaut absieben und die Bruléeflüssigkeit in 4 kleine Schalen füllen. Im Ofen bei 90 °C 45 Minuten stocken lassen. Entgrätete Aalfilets vierteln und jeweils in ein Nori-Blatt einwickeln.

VANILLE-SELLERIE

Sellerie schälen, klein schneiden und mit Kokosmilch, Maracujasaft, Salz und der aufgeschnittenen Vanilleschote 40 Minuten weich kochen. Danach mixen, bis ein sämiges Püree entsteht.

HOPFEN-VERBENA

In 4 Espressokannen-Filter die Verbena- und Hopfenblüten verteilen. Die Kaninchen-Essenz in den Flüssigkeitsbehälter geben und die Essenz wie einen Espresso durch den Filter kochen lassen.

ZUBEREITUNGSZEIT: 4 Stunden | **SCHWIERIGKEITSGRAD:** Schwer

OLIVEN-NOUGAT-MOUSSE AUF ANANAS-FENCHEL-SALAT
MIT ROSEN-ZIEGENMILCHEIS

OLIVEN-NOUGAT-MOUSSE

5	Bio-Eier
3	Bio-Eigelb
150 g	Nougat-Schokolade
200 g	Zartbitter-Schokolade
600 ml	Sahne
4 Bl.	Gelatine
2 EL	schwarze Oliventapenade
1 EL	lösliches Kaffeepulver
4 cl	Pflaumenbrand

ROSEN-ZIEGENMILCHEIS

400 ml	Ziegenmilch
100 ml	Rhabarbersaft
200 ml	Sahne
120 g	Zucker
2 EL	Rosenblüten
10	Bio-Eigelb

ANANAS-FENCHEL-SALAT

¼	Ananas
2 Stk.	Fenchel
100 g	brauner Zucker
200 ml	Ananassaft
1	Zitronengras

OLIVEN-NOUGAT-MOUSSE

Nougat-Schokolade und Zartbitter-Schokolade über dem Wasserbad in einer Schüssel schmelzen. Die Eier mit Eigelb über Wasserdampf mit einem Schneebesen cremig schlagen. Gelatine in kaltem Wasser einweichen und Sahne aufschlagen. Die geschmolzene Schokolade mit der Eimasse verrühren, die Gelatine hinzufügen, die Oliventapenade und den Pflaumenbrand unterrühren und die geschlagene Sahne vorsichtig unterheben. Zum Schluss das Kaffeepulver unterheben und die Mousse eine Stunde kühl stellen.

ROSEN-ZIEGENMILCHEIS

Die Ziegenmilch mit Rhabarbersaft, Zucker, Sahne und den Rosenblüten aufkochen und 5 Minuten kochen lassen. Die Rosenflüssigkeit unterrühren und auf die Eigelb geben, danach eine Stunde kühl stellen und durch ein feines Sieb passieren. In einer Eismaschine zu Eis werden lassen.

ANANAS-FENCHEL-SALAT

Den Ananassaft mit Zucker und Zitronengras aufkochen, den klein gewürfelten Fenchel dazugeben und 8 Minuten weich kochen. Danach die klein gewürfelte Ananas dazugeben und nochmals 2 Minuten kochen, dann kühl stellen. Die Mousse auf dem Ananassalat anrichten und das Eis in einem Glas dazureichen.

ZUBEREITUNGSZEIT: 3 Stunden | **SCHWIERIGKEITSGRAD:** Mittel

MARVIN BÖHM

Junger Wilder 2013

LAUT BRÜLLEN, ABER NUR HEISSEN DAMPF ABLASSEN? NE, NE, DAS IST NICHTS FÜR DEN JUNGEN WILDEN 2013. DER IST VON DER LEISEN SORTE, LÄSST ABER SEINE GERICHTE FÜR SICH SPRECHEN. UND DIE HABEN VERDAMMT GROSSES ECHO.

STILLES WASSER MIT SOGWIRKUNG

Wer mit 24 Jahren eine dermaßen große Professionalität und diesen offensichtlichen Überblick mit an den Herd bringt, der muss entweder Nerven aus Stahl haben, unerschütterliches Selbstbewusstsein oder durch eine gute Schule gegangen sein. Denn in diesem zarten Alter gewann Marvin Böhm den Titel JUNGER WILDER 2013 und strahlte dabei eine fast schon unheimliche Ruhe aus. Woran es im Endeffekt gelegen hat, ist wohl eine Mischung aus alldem. Punkt drei ist sogar mehrfach zu belegen: Nach seiner fundierten Ausbildung in der Brackstedter Mühle, einem gutbürgerlichen Haus, war die erste Station auf der Liste die Traube Tonbach und Harald Wohlfahrt. Und von da volley – und das ohne Beschreibung, sondern rein durch Mundpropaganda – ins ebenso Michelin-höchstbesternte Aqua im The Ritz-Carlton Hotel in Wolfsburg zu Sven Elverfeld. Auf seinem Weg durch die viel beachteten Küchen der Nation fokussierte er sich immer mehr auf Klarheit und Geschmack. Optische Verrücktheiten, wie zu Beginn seiner Koch-Laufbahn, hat Marvin hinter sich gelassen. Optische Feinheiten allerdings lässt er sich nicht nehmen. Wie der von ihm selbst designte Aufdruck der Alu-Dose für sein Gewinner-Dessert. Diese war gefüllt mit Mangosauce und somit nicht nur von außen ein echter Leckerbissen. Das ist Teil seiner bereits jetzt erkennbaren Handschrift, die ihm von der finalen Star-Jury bereits klar attestiert wurde.

Was bei Marvin auffällt, ist die von ihm scheinbar so leicht aus dem Kochjackerl geschüttelte Mischung aus Handwerk und Kreativität. Er optimiert und tüftelt an Techniken, die ihm entweder nicht ausgereift genug vorkommen oder von denen er überzeugt ist, dass das schneller auch gehen müsste. Stellt seine eigenen Silikon-Formen her, damit seine Gerichte nicht nur geschmacklich, sondern auch optisch rund sind. Und bleibt bei all den verbalen Rosen, die ihm von Branchengrößen wie Helmut Österreicher und Stefan Marquard gestreut werden, immer auf dem Boden der Tatsachen. Talent ist gut, aber harte Arbeit macht den Unterschied. Wer nur kreativ denkt und dabei keine Organisation hat, spielt irgendwann auch auf verlorenem Posten. Die stellt sich bei Marvin zwar auch erst nach dem kreativen und chaotischen Brainstorming ein, aber dann knallt's eben richtig auf den Geschmacksknospen. Und dazu muss man nicht laut Rambazamba rufen, sondern es wie Marvin machen: schweigen und die anderen genießen lassen.

Schnelle Autos

Eine Versuchung, der du nicht widerstehen kannst?

BI-BA-BUTZEMANN

Marvin „Butze" Böhm wirft sein Säckchen zwar nicht hinter sich und erschreckt nur die Konkurrenz bei seiner Lieblingsbeschäftigung, dem Siegen bei Wettbewerben, haut dafür aber privat umso mehr raus – und nicht nur geile Gerichte aus der Küche des Aqua.
Denn Marvin ist ein fachliches Allround-Genie, wenn es um echte Handarbeit geht. Von dem filigranen Dekorationswerk und den straighten Linien seiner Teller mal abgesehen. Wein- und Bierkisten werden da schnell zu stylishen Design-Objekten umgebaut. In seiner Stube bei ihm daheim steht da beispielsweise nun ein Tisch, der aus leeren Champagnerkisten zusammengezimmert wurde. Oder die Telefonkommode. Für andere leere Bierkisten, für Marvin das Ausgangsmaterial für eine veritable Ablage in richtig schick – natürlich erst nach der Böhm'schen Veredelung. Bauschaum wird bei dem JUNGEN WILDEN zum optischen 3-D-Kunstwerk und Inspiration für kommende Gerichte. Weiße Wände bearbeitet er seit seiner Jugend mit Sprühdosen, auf dass darauf meterhohe Graffitis prangen. Und die sind vieles, aber nicht zurückhaltend: rot, grün und unübersehbar.
So wie sein Können am Herd, zu dem er aber erst nach einiger Überlegung gekommen ist. Zuerst stand mal eine design-technische Karriere auf dem Lebensplan des gebürtigen Wolfsburgers, die er zugunsten des Kochens dann doch knickte. Weil man hier alles verbinden kann: Handwerk, Kreativität und eine Prise Eigensinn. Von alledem hat Marvin reichlich und das richtige Maß findet er durch sein Fingerspitzengefühl. Dem verdankt er auch sein gutes Händchen beim Cross-Golf. Dem Golfen ohne großes Regelwerk, Platzreife oder Handicap.
Nicht nur am Grün, sondern auch auf dem Asphalt gibt Butze, wie ihn seine Freunde seit mehr als zehn Jahren nennen, so richtig Gas. Doppelt. Wie es sich für einen Wolfsburger gehört, in einem VW Golf. Eigentlich in zwei, einen 3er-Golf und jetzt als Draufgabe auch noch ein 1er-Cabrio. Das hat er gleich nach dem Sieg gekauft und das wird nun in liebevoller Kleinstarbeit restauriert. Gemeinsam mit Oma. Die näht die Alcantara-Leder-Bezüge. Alles muss Butze ja schließlich auch nicht können …

1988
19. September

liebt:
Golf. Das mit dem weißen, kleinen Ball und den aus Wolfsburg

hasst:
Unzuverlässigkeit und Kratzer im Lack

hat:
immer die Ruhe weg

SURF AND TURF „HONGKONG STYLE"
MIT CHICORÉE-SALAT, MEERRETTICH-ESPUMA UND GARNELEN-TATAR

ASIAMARINADE

6 ml	Sesamöl
16 ml	Ketjap Manis
28 ml	Soja-Sauce
8 ml	Austern-Sauce
48 ml	Traubenkern-Öl
16 ml	Essig
24 g	Topiko-Wasabi-Kaviar
4 g	Sushi-Ingwer, gehackt

CHICORÉE-SALAT

2 Stk.	roter Chicorée
3 g	Rote-Bete-Granulat
½	Orange, davon den Saft
1	Zitrone, davon den Saft
12 g	Meerrettich
	Salz

MEERRETTICH-ESPUMA

60 g	Sahne-Meerrettich
50 ml	Yuzu-Saft
20 g	Crème fraîche
100 ml	Wasser
	Salz

GARNELEN-TATAR

140 g	Entrecôte von der Färse, pariert
50 g	Rettich
2 g	Koriander
20 g	Birnenmark
4 g	Sweet-Chili-Sauce
4 g	Ingwer, gehackt und eingelegt
60 g	Marell-Garnelen, geschält
40 g	Erbsensprossen
	Salz, Pfeffer

ASIAMARINADE

Alle Öle, Saucen und den Essig zusammenrühren. Etwa die Hälfte davon in ein separates Gefäß gießen und diesen Teil mit Topiko-Wasabi-Kaviar und dem Ingwer abschmecken.

CHICORÉE-SALAT

Den Chicorée mit dem Saft von Orange und Zitrone, dem Rote-Bete-Granulat und etwas Salz in einen Vakuumbeutel geben, leicht vermengen und vakuumieren. Den Chicorée im Dämpfer bei 70 °C für etwa 20 Minuten garen, danach abschrecken und einzelne Blätter entnehmen. Mit dem Meerrettich vermengen und mit dem Chicoréesud marinieren.

MEERRETTICH-ESPUMA

Alle Zutaten mixen, durch ein Sieb streichen und in eine iSi-Flasche füllen. Mit einer CO_2-Kapsel bestücken und 30 Minuten ruhen lassen.

GARNELEN-TATAR

Die Hälfte des Fleisches zu Carpaccio schlagen, aus dem restlichen Entrecôte Tatar schneiden und mit Rettich-Brunoise, gehacktem Koriander, Birnenmark, Sweet-Chili-Sauce, Ingwer, Salz, Pfeffer und dem Teil der Asiamarinade, der nicht mit Topiko vermengt wurde, abschmecken. Garnelen und Erbsenschoten klein schneiden und mit dem Chicoréesud, Salz und Pfeffer würzen.

ANRICHTEN

Das Entrecôte-Tatar wie eine Zigarre in zwei Chicorée-Blätter wickeln und zurecht schneiden. Mit dem Garnelen-Tatar einen Ring zu zwei Dritteln befüllen, das restliche Drittel mit dem Meerrettich-Espuma füllen und mit dem Carpaccio bedecken. Würzen und mit etwas Meerrettich belegen. Mit der Topiko-Kaviar-Marinade einen Spiegel setzen, das Garnelen-Tatar mit dem Carpaccio sowie die Tatar-Zigarre beigeben und mit einigen Erbsensprossen ausdekorieren.

ZUBEREITUNGSZEIT: 45 Minuten | **SCHWIERIGKEITSGRAD:** Leicht

2 X HIRSCH-OBERSCHALE MIT KOHLROULADE
STECKRÜBE | MACADAMIANUSS

2 X HIRSCH-OBERSCHALE

560 g	Hirschoberschale
20 g	Senf, grob
70 g	Foie gras, in Scheiben (2 mm)
25 g	Schalotten
15 g	Karotten
10 g	Staudensellerie
330 ml	Malzbier
	Macadamia-Öl, Voatsiperifery-Pfeffer, Salz, Pfeffer, Wacholder, Piment, Lorbeerblätter, basictextur

STECKRÜBEN-PÜREE

360 g	Steckrüben
40 g	Karotten
50 g	Butter
15 ml	Macadamia-Öl
	Salz, Pfeffer, Muskat

ROTE ZWIEBELMARMELADE

120 g	rote Zwiebeln
160 ml	Rotwein
50 ml	Cassis
45 ml	Rotwein-Essig

KOHLROULADE

1 Stk.	Weißkohl
20 g	Schalotten
70 ml	Weißwein
50 ml	Portwein, weiß
15 ml	Noilly Prat
½	Granny-Smith-Apfel
50 g	Wildleberwurst
	Saft einer Zitrone, Kardamom, Lorbeerblatt, Sternanis, weißer Pfeffer, Essig, Weißkohlblätter, Macadamianüsse

2 X HIRSCH-OBERSCHALE

Den Hirsch portionieren, 200 Gramm mit dem Gemüse anbraten und mit dem Malzbier ablöschen. Mit etwas Wasser auffüllen, sodass das Fleisch mit Flüssigkeit bedeckt ist. Dazu noch die Gewürze geben und etwa 2 Stunden leicht köcheln lassen, bis das Fleisch weich ist. Danach passieren und den Sud leicht mit basic textur binden. Das Fleisch in kleine Würfel schneiden, mit dem Sud, Senf und etwas von der Zwiebelmarmelade vermengen und abschmecken. Foie gras vor dem Anrichten mit Macadamia-Öl und Voatsiperifery-Pfeffer würzen. Das andere Stück Fleisch anbraten und im Ofen bei 200 °C je nach Dicke 5 bis 8 Minuten medium garen.

STECKRÜBEN-PÜREE

Steckrübe und die Karotte im Salzwasser weich kochen, abdämpfen und im Thermomix mit der Butter und dem Macadamia-Öl mixen. Mit Salz, Pfeffer und Muskat abschmecken.

ROTE ZWIEBELMARMELADE

Rote Zwiebeln in Brunoises schneiden, anschwitzen und mit den restlichen Zutaten ablöschen. Etwa eine Stunde leicht köcheln, bis die Flüssigkeit fast verkocht ist und die Zwiebeln noch einen leichten Biss haben.

KOHLROULADE

Weißkohl und Schalotten in feine Streifen schneiden, anschwitzen und mit Alkohol und Zitronensaft ablöschen. Die Gewürze beigeben und den geschälten Granny-Smith-Apfel hineinreiben. Etwa 30 Minuten kochen, bis der Weißkohl leicht weich ist. Die Weißkohlblätter im Salzwasser 4 bis 5 Minuten blanchieren, abtrocknen und leicht mit einem Nudelholz platt walzen. Danach den Weißkohlsalat mit der Wildleberwurst vermengen und in die Kohlblätter einrollen. Zum Schluss die Kohlrouladen mit Macadamianuss-Öl bepinseln und warm stellen. Kurz vor dem Anrichten mit Macadamianuss-Spänen bestreuen.

ZUBEREITUNGSZEIT: 1½ Stunden | **SCHWIERIGKEITSGRAD:** Leicht

TROPISCHER ‚N'ESPRESSO
EINGELEGTE ANANAS MIT KAFFEESATZ, MANGOSAUCE UND SCHOKOLADEKAPSELN

KAFFEE-EIS
180 ml	Kaffee (Nespresso Hawaii Kona)
140 ml	Sahne
75 g	Muscovado-Zucker
1	Ei, groß
50 g	Ivoire Valrhona

EINGELEGTE ANANAS
½	Ananas
120 ml	Ananassaft
80 ml	Energy-Getränk
15 ml	Hibiskusblüten, getrocknet

KAFFEESATZ
45 g	Mandelgrieß
je 75 g	Zucker, Butter, Mehl
je 15 g	Kakaopulver, Nespresso-Hawaii-Kona-Pulver, Malzpulver
75 g	Manjari Valrhona
19 g	Joghurtpulver Sosa
10 g	Zucker
2 g	Nespresso-Hawaii-Kona-Pulver

MANGOSAUCE
1	Mango
10 ml	Kokosmilch
10 ml	Licore 43
	Saft von 2 Limonen und ½ Zitrone
10 g	Mark einer Vanilleschote

SCHOKOLADEKAPSELN
60 g	Jivara Valrhona
40 g	Ivoire Valrhona
100 g	Valrhona Noir

KAFFEE-EIS
Alle Zutaten in den Thermomix geben, auf 80 °C erwärmen und zur Rose abziehen. Danach die Masse in die Eismaschine geben und gefrieren.

EINGELEGTE ANANAS
Den Ananassaft aufkochen und die Hibiskusblüten für 5 Minuten in dem Saft ziehen lassen. Anschließend passieren und mit dem Energy-Getränk vermischen. Ananas in etwa 2 Millimeter dünne Scheiben schneiden und mit der Flüssigkeit und dem Weißweinessig vakuumieren.

KAFFEESATZ
Mandelgrieß, Zucker, Mehl, Kakaopulver, Malzpulver und Nespresso-Hawaii-Kona-Pulver vermengen. Die Butter und Schokolade schmelzen, hinzufügen und die Masse gut verkneten. Nun leicht zerbröseln und bei 200 °C für etwa 10 bis 14 Minuten backen, danach auskühlen und mit dem Joghurtpulver, Zucker und den 2 Gramm Nespresso-Hawaii-Kona-Pulver vermengen.

MANGOSAUCE
Die Mango schälen und mit den restlichen Zutaten mixen und passieren.

SCHOKOLADEKAPSELN
Jivara und Ivoire Valrhona temperieren und eine passende Silikonform damit auskleiden. Das Gleiche gilt für die Valrhona Noir. Die Schokoladen aushärten lassen und anschließend mit Nougat und Kokoscreme füllen. Mit der restlichen Schokolade verschließen, erneut aushärten lassen und dann vorsichtig entnehmen.

ZUBEREITUNGSZEIT: 70 Minuten | **SCHWIERIGKEITSGRAD:** Schwer

STEFAN CSAR

Junger Wilder 2011. Hat eine kalte Schnauze!

ER ZEIGT ALLEN, WAS PASSIERT, WENN EIN BURGENLÄNDER GIPFEL ERKLIMMT:
NÄMLICH KOCHKUNST AUF TOP-NIVEAU, STATIONEN IN SPITZENHÄUSERN UND NUN
DIE KRÖNUNG ALS HEISS GEHANDELTER IMPORTSCHLAGER IN DER SCHWEIZ.

HERZENSSACHE

Das Herz Stefan Csars schlägt ohne Zweifel für das Kochen und das aktuell in einem der besten Restaurants der Schweiz, Schloss Schauenstein. Dort sorgt er neben 3-Sterne-Koch Andreas Caminada seit Anfang 2011 für das süße Ende jedes Abends. Denn er ist der Pâtissier und zaubert der Schweizer Gourmet-Fraktion mit außergewöhnlichen Kreationen wie Desserts aus Shisoeis mit Spargel ein Lächeln auf deren kulinarische Seele. Denn die Norm war, ganz klassisch für einen JUNGEN WILDEN seines Kalibers, noch niemals Csars Ding. Daher beweist er in seinen Gerichten auch stets den Mut zur richtigen Würze, wie sein Idol Silvio Nickol: „Seine Küche finde ich genial. Klassisch auf den Punkt gebracht und jedes Gericht ein würziges Highlight. Das ist genau meine Linie."

Eine Philosophie, mit der er es sogar schaffte, den Godfather der JUNGEN WILDEN Stefan Marquard umzupolen. Denn es gibt eines, was der Küchen-Rocker Marquard gar nicht mag: Tomaten. Ausgenommen natürlich die von Namensgenosse Stefan Csar. Mit seinem „Steinbutt im Tomatenfeld" überzeugte der leidenschaftliche Koch beim Finale 2011 den Vorsitzenden der Grand Jury aus Spitzenköchen von Heinz Hanner bis Sternekoch Karlheinz Hauser nämlich endgültig von seiner Überlegenheit und dem Herzblut, das in jedem einzelnen seiner Gerichte zu finden ist. Csar selbst ist überzeugt: „Das Quäntchen Kaltschnäuzigkeit und das bisschen mehr an Geschmack haben mich schließlich das Rennen machen lassen." Denn die für das Dessert „Steirische Banane" vorgesehenen Zuckercannelloni gefüllt mit Kürbiskernmousse blieben im großen Finale der JUNGEN WILDEN 2011 am Backblech kleben. Und dann tat Csar das, was er immer tut – er entschied sich für den Geschmack, und in diesem speziellen Fall gegen die Optik. Eine richtiger Schritt, wie sich sofort herausstellte, denn nicht nur, dass er damit seine Konkurrenten an die Wand kochte, er nahm auf seinem ohnehin bereits rasanten Karriere-Highway gleich noch mehr Fahrt auf.

Bevor er sich den begehrten Titel 2011 erkochte, werkte Stefan Csar unter anderem als Chef de Partie im Gourmetrestaurant Landhaus Bacher und dockte bei Jürgen Vigne im Sternerestaurant Pfefferschiff an. Nachdem es in selbigem seine Gerichte wie „Chocoholic Lamm" sogar auf die Spezialitäten-Karte geschafft hatten, zog es den Herzbuben aller Genussfreudigen noch weiter hinaus in die Alpen. Doch sein kulinarisches Echo hallt bis in die Tiefebene des Burgenlands.

Das Gesamtpaket stimmt!

Was magst du an dir selbst?

AUSTRO-POP IM STERNELOKAL

Ein schnittiger schwarzer BMW cruist wie auf Schienen über die Alpenpässe. Daraus dröhnen Klänge, die für jeden Schweizer unverständlich und für jeden Österreicher – zumindest für die aus dem Süden – Balsam für die musikalische Seele sind. „I wü wieder ham", tönt es lautstark aus dem Autoradio.
Gut, dass weder Stefan Csar noch seine Evelyn das Lied „Fürstenfeld" des Trios „STS" wörtlich nehmen. Denn die beiden sind nach ein paar Tagen Urlaub wieder auf dem Weg zurück in ihre aktuelle Wirkungsstätte, das 3-Michelin-Sterne-Restaurant Schloss Schauenstein in Fürstenau. Evelyn und Stefan sind seit Jahren nicht nur ein unzertrennliches Pärchen, sondern gehen auch als gastronomisches Team gemeinsame Wege. Evelyn im Service, Stefan in der Küche.
Gerne bekocht Stefan seine Liebe ebenso wie Familie und Freunde auch privat. „Für mich selbst koche ich meistens etwas Schnelles wie Pasta oder Risotto. Aber auch einfache Gerichte können sehr gut sein." Die italienische Küche hat es dem gebürtigen Burgenländer dabei besonders angetan. Natürlich kommt aber sogar das Allerbeste aus dem Land, das aussieht wie ein Stiefel, nicht an die Thunfisch-Spaghetti seiner Mama heran. Gelegentlich darf es für den Hobby-Golfer und -Fußballer auch einmal etwas exklusiver hergehen: „Einmal im Monat etwa gönne ich mir ein Dinner in einem Sternelokal. Schließlich muss man doch auch wissen, was die anderen so machen." Geht es dann danach einmal so richtig auf die Piste, gibt es für den Herzbuben zwei Optionen. Die erste: Eine Gruppe von Freunden trifft sich bei einem Kollegen zu Hause und es wird gemütlich geplaudert. Die zweite: Es geht in einen angesagten Club in der Stadt. Dort wird dann mit Vodka on the rocks und Schampus angestoßen. Und dann darf man die nächsten fünf Stunden nicht mehr mit dem Discotänzer rechnen. Denn so richtig abzushaken, ist für Csar keine Kür, sondern Pflicht. Stillsitzen ist einfach nichts für den JUNGEN WILDEN. Das war in der Schule schon so. „Meine Mutter hatte immer Angst vor den Elternsprechtagen. Ein guter Schüler war ich schon, aber kreativ unterfordert. Weil fünf mal neun ist eben 45. Und nicht kreativ." Na ja, und wo er recht hat, hat er recht.

1985
30. September

ist:
ein echter Discotänzer

liebt:
die Thunfisch-Spaghetti
seiner Mama

hasst:
still sitzen

GÄNSELEBER - DONUT - ROTE BETE

MARINIERTE GÄNSELEBER

200 g	Gänseleber
2 g	Pökelsalz
2 g	Salz
	Zucker
	Portwein, weiß und rot
	Süßwein

GÄNSELEBER-EIS

100 g	Gänseleber, mariniert
100 ml	Apfelsaft
20 ml	Sahne
1	Tasse Espresso
1	Eigelb
1 Bl.	Gelatine
	Schokolade zum Glasieren

SELLERIECREME

200 g	Sellerie
30 g	Mascarpone
20 ml	Sahne
	Salz, Zucker

EINGELEGTE ROTE BETE

1	Rote Bete, gekocht
100 ml	Rote-Bete-Saft
50 ml	Apfelsaft
50 ml	Portwein, rot
	Sternanis, Kümmel
	Salz, Pfeffer

MARINIERTE GÄNSELEBER

Gänseleber gut putzen und mit allen Zutaten marinieren. Danach in gewünschter Form für etwa 20 bis 30 Minuten bei 90 °C garen.

GÄNSELEBER-EIS

Alle Zutaten zusammenfügen und auf 80 °C erhitzen. Danach in der Eismaschine oder im Pacojet gefrieren lassen. Anschließend das Gänseleber-Eis in Savarin-Formen füllen und wiederum frieren lassen. Sobald das Eis gefroren ist, die Masse aus 2 Formen zu einem Donut zusammenkleben. Anschließend mit der Schokolade glasieren.

SELLERIECREME

Den Sellerie im gesalzenen Wasser weich kochen. Danach mit den restlichen Zutaten zu einer feinen Creme mixen.

EINGELEGTE ROTE BETE

Den Rote-Bete-Saft mit dem Apfelsaft, dem Portwein und den Gewürzen zu einem Sirup einkochen. Danach die Rote Bete damit marinieren.

ZUBEREITUNGSZEIT: 50 Minuten | **SCHWIERIGKEITSGRAD:** Schwer

LAUWARM MARINIERTER ALPENLACHS
MIT ZWIEBELAROMEN-SCHWARZBROT

SAIBLINGSFILET
300 g	Saiblingsfilet
100 ml	Olivenöl
	Salz

AVOCADOCREME
1	Avocado
1 TL	Senf
3 EL	Mayonnaise
2 g	Staubzucker
½	Zitrone
	Salz

GESCHMORTE ZWIEBELN
2	Zwiebeln
50 g	Butter
10 ml	Portwein, weiß
1	Lorbeerblatt
10 g	Zucker
10 ml	Balsamico, weiß
500 ml	Hühnerfond
	Salz, Pfeffer

ESSIGSCHALOTTEN
2	Schalotten
20 ml	Essig
50 ml	Wasser
10 g	Zucker
10	Senfkörner
	Lorbeerblatt, Salz

GERÄUCHERTES WACHTELEI
2	Wachteleier
50 ml	Räucheröl

SAIBLINGSFILET
Saibling mit Olivenöl und Salz marinieren und bei 80 °C für etwa 10 Minuten in den Ofen schieben.

AVOCADOCREME
Für die Avocadocreme alle Zutaten fein mixen.

GESCHMORTE ZWIEBELN
Zucker in der Butter leicht karamellisieren, danach mit Portwein und Essig ablöschen. Mit Hühnerfond aufgießen, Gewürze beigeben und die Zwiebeln darin weich schmoren.

ESSIGSCHALOTTEN
Die Schalotten mit einem Gemüsehobel auf der feinsten Stufe hobeln und in ein Rexglas geben. Alle Zutaten separat aufkochen lassen und danach über die Schalotten gießen. Das Glas sofort verschließen und die Schalotten ziehen lassen.

GERÄUCHERTES WACHTELEI
Wachteleier 2 Minuten kochen und in Eiswasser abkühlen. Die Eier geschält für etwa 10 Minuten in einen auskühlenden Räucherofen geben. Die Temperatur im Ofen sollte nicht über 65 °C liegen. Anschließend die Eier in Räucheröl einlegen.

ZUBEREITUNGSZEIT: 45 Minuten | **SCHWIERIGKEITSGRAD:** Mittel

RHABARBER - SHISO - SPARGEL

SHISOEIS-KUGEL

2	Äpfel
50 ml	Wasser
20 g	Zucker
50 ml	Limettensaft
1 Bl.	Gelatine
10 g	Shisogrün
	Schokolade, weiß, zum Glasieren

GESTOCKTE SPARGELCREME

200 g	Spargel, gekocht
100 ml	Spargelfond
1 EL	Honig
3 g	Agar-Agar
½	Zitrone

ROH MARINIERTER SPARGEL

1	Spargel
1	Rhabarber
1	Zitrone
150 ml	Läuterzucker
1	Vanilleschote
5 Bl.	Minze

SHISO-SPONGE

80 g	Butter
80 g	Zucker
80 g	Mehl
4 g	Backpulver
10 g	Shisopüree, grün
60 ml	Soda
1	Ei

SHISOEIS-KUGEL

Die Äpfel fein reiben und mit den restlichen Zutaten vermischen. Danach im Pacojet frieren. Das Eis im Pacojet nochmals durchmixen und in Halbkugelformen streichen. Nachdem diese gefroren sind, 2 Halbkugeln zu einer Kugel zusammensetzen. Die Kugel im gefrorenen Zustand auf einen Spieß aufstecken und in weiße Schokolade tauchen. Darauf sofort wieder einfrieren. Vor dem Servieren die Eiskugel etwa 5 Minuten temperieren lassen.

GESTOCKTE SPARGELCREME

Alle Zutaten gemeinsam aufkochen und danach mixen. In eine passende Form abfüllen. Wenn die Masse gestockt ist, die Creme in die gewünschte Form schneiden beziehungsweise ausstechen. Vor dem Servieren auf 70 °C erwärmen.

ROH MARINIERTER SPARGEL

Spargel und Rhabarber in beliebige Form schneiden. Danach mit kochendem beziehungsweise warmem Läuterzucker marinieren und mit Zitronensaft, Vanille und Minze abschmecken.

SHISO-SPONGE

Alle Zutaten zu einer glatten Masse verrühren, in eine iSi-Flasche abfüllen und mit 2 Soda-Kapseln verschließen. Einen Tag stehen lassen und in einen Plastikbecher abfüllen. Vor dem Servieren 3 Minuten in der Mikrowelle backen.

ZUBEREITUNGSZEIT: 50 Minuten | **SCHWIERIGKEITSGRAD:** Schwer

SCHLEIE

DER FEINE UNTER DEN KARPFENARTIGEN, GERNE ALS „SCHLEIE BLAU" GEGESSEN. ABER VORSICHT: RÜCKENMARK UND MUSKULATUR BLEIBEN NACH DER TÖTUNG INTAKT UND SO HÜPFEN DIESE FISCHE GERNE AUS KOCHTÖPFEN. TIPP: EINEN HALBEN TAG LAGERN LASSEN.

SPIEGEL KARPFEN

IST EINER DER WICHTIGSTEN ZUCHTFISCHE EUROPAS GEWORDEN. BESSER SCHMECKEN DIE GRÖSSEREN TIERE, DA KARPFEN UNTER EINEM KILO WENIG FETTRESERVEN HABEN UND IHR FLEISCH DAHER LEICHT STROHIG SCHMECKEN KANN.

ZANDER

EIN ALLROUNDER, DIESER SÜSSWASSERFISCH. DA ER ETWA 1 BIS 1,5 KILOGRAMM GEWICHT ERREICHT, EIGNET ER SICH BESTENS ZUM FÜLLEN. AUCH GEGRILLT, GEBRATEN UND UNTER EINER SALZKRUSTE GEGART MACHT ER EINIGES HER. SEIN FLEISCH LÄSST SICH GUT ZU EINER FARCE VERARBEITEN.

BACH SAIBLING

EIN FEINES AROMA ZEICHNET DIESEN FISCH AUS, DER ALLERDINGS AM MARKT VON DER REGENBOGENFORELLE VERDRÄNGT WURDE. ER EIGNET SICH WIE DIE FORELLE ZUM POCHIEREN, BRATEN UND GRILLEN. TIPP: NICHT ZU STARK WÜRZEN!

REGENBOGEN FORELLE

EIN AMERIKANISCHER GIGANT IN EUROPA: SEIT 1880 BEI UNS HEIMISCH, KANN ER BIS ZU 15 KILOGRAMM SCHWER WERDEN. DIE REGENBOGENFORELLE AM BESTEN POCHIEREN, BRATEN ODER GRILLEN.

F&B FISCH

FISCHERS FRITZ FISCHT FRISCHE FISCHE. UND WEIL GERADE KEIN MEER IN SICHT IST, HOLT ER SIE EBEN AUS HEIMISCHEN FLÜSSEN UND BÄCHEN. HIER DIE HIGHLIGHTS DER HIESIGEN SCHUPPEN-ELITE.

WELS

FETTREICH, WEISS UND FAST GRÄTENLOS: DAS MACHT DEN WELS ZU EINEM PERFEKTEN FISCH. ABER NUR AUSSERHALB DER LAICHZEIT (MAI BIS JUNI). DANACH EIGNET ER SICH ZUM POCHIEREN ODER DÜNSTEN, WEIL ER FETTÄRMER IST. TIPP: BEIM BRATEN UND GRILLEN DAS FETT AUSLASSEN.

HECHT

AUSSERHALB DER LAICHZEIT, VON SEPTEMBER BIS JANUAR, SCHMECKT DER HECHT AM BESTEN. JÜNGERE EXEMPLARE, GENANNT GRASHECHT, WERDEN GEDÜNSTET, GEKOCHT UND POCHIERT, ÄLTERE UND GRÖSSERE EXEMPLARE MIT 2,5 KILOGRAMM KÖNNEN GUT GEFÜLLT WERDEN.

REINANKE

SMOKING' HOT, DER SCHLANKE SILBRIGE FISCH: DENN DIE REINANKE EIGNET SICH WEGEN IHRES WEISSEN FESTEN FLEISCHES MIT KRÄFTIGEM GESCHMACK BESONDERS GUT ZUM RÄUCHERN ODER AUCH BRATEN.

ÄSCHE

DIESER FISCH KOMMT IN EUROPA NUR IN EINER ART VOR, SIE WIRD BIS ZU 60 ZENTIMETER LANG UND BIS ZU 2,5 KILOGRAMM SCHWER. DAS FESTE UND MAGERE WEISSE FLEISCH ERINNERT IM AROMA AN THYMIAN UND SCHMECKT AM BESTEN GEDÄMPFT ODER POCHIERT.

MARCO D'ANDREA

← Junger Wilder 2012

DIE EIERLEGENDE WOLLMILCHSAU GIBT ES NICHT, MARCO D'ANDREA IST ALLERDINGS VERDAMMT KNAPP DRAN. DENN WELCHER PÂTISSIER KANN SCHON VON SICH BEHAUPTEN, NICHT NUR FÜR KALORIENBOMBEN EIN GOLDENES HÄNDCHEN ZU HABEN.

SUGAR & SOUL

Es soll ja in der Geschichte der JUNGEN WILDEN schon mal vorgekommen sein, dass in einem Finale eine Kuh auf dem Teller für Begeisterungsstürme unter den urteilenden Zweibeinern sorgte. Dass Marco D'Andrea 2012 dieses Meisterstück ebenfalls gelang, ist demnach eigentlich nicht weiter erwähnenswert – wäre da nicht die Tatsache, dass der Mann sich als Chef-Pâtissier des Gourmetrestaurants Seven Seas normalerweise den Schokoladenseiten der Küche widmet. Mit seinem fulminanten Auftritt beim Finale in Hamburg hat der Halbitaliener eindrucksvoll seine Allrounder-Qualitäten unter Beweis gestellt. Dass er über selbige verfügt, daran hat er nie gezweifelt: „Wenn man ehrgeizig an seinen Zielen arbeitet und das, was man tut, wirklich liebt, dann ist keine Latte zu hoch."

Die Voraussetzungen für eine steile Karriere wurden Marco in die Wiege gelegt. Seinen italienischen Vater, einen Obst- und Gemüsehändler, begleitete er von Kindesbeinen an auf den Markt, mit 14 Jahren hängte er so manchen Jungkoch in puncto Warenkunde um Längen ab. Auch als die Familie ein Restaurant pachtete, brachte er von Anfang an ungeniert seine Ideen ein. „Das Feuer und das Mundwerk habe ich von Papa, die Disziplin und den Perfektionismus von Mama. Eine super Kombi." Mit dieser Mischung im Blut wurde er 2009 ROOKIE OF THE YEAR und landete bei Joachim Wissler im Restaurant Vendôme, wo Andreas Vorbusch ihn in die Geheimnisse der süßen Verführung einweihte. Als Christoph Rüffer aus dem Hotel Vier Jahreszeiten bei ihm anklopfte, hätte es keinen Grund gegeben, lange zu überlegen. Aber es wäre nicht Marco D'Andrea, wenn er nicht wieder mal für eine Überraschung gesorgt hätte. Statt zu Rüffer kehrte er nämlich zurück auf den Süllberg und zu Karlheinz Hauser, bei dem er bereits in der Lehre war. „Ich schätze ihn als Menschen und Chef sehr. Und hier kann ich meine Ideen einbringen und mutig sein, was mir enorm wichtig ist", erklärt er seine Entscheidung.

Mut und Ideenreichtum zeichnen seinen Kochstil unzweifelhaft aus. Auf den ersten Blick ungewöhnliche Komponenten vereint er konsequent zu spannenden, harmonischen Gesamtkunstwerken. Und stilbewusst, wie er nun mal ist, spielt bei ihm auch die Optik auf dem Teller eine tragende Rolle: „Am Anfang haben mich alle ein bisschen schief angesehen, weil ich immer Punkte und Striche am Teller gemacht habe. Mittlerweile ist das fast schon ein Markenzeichen." Es gibt wohl nur wenige, die das in so jungen Jahren bereits von sich behaupten können.

Wie lang kann ich noch neben ihr liegen?

Dein erster Gedanke nach dem Aufwachen?

DER NACKTE FROHSINN

In vielerlei Hinsicht ist Marco D'Andrea ein echter Klischee-Italiener. Lieblingsspeisen? „Pasta, Pizza, Antipasti." Lieblingsgetränk? „Vino." Faibles? „Klamotten, Schuhe und Autos." Einschränkend sei an dieser Stelle allerdings hinzugefügt, dass seine Amore zu Motoren nicht groß genug ist für einen Fiat und der Geldbeutel noch nicht groß genug für einen Ferrari. Aber schließlich will ja auch die zweite, deutsche Seele von Marco D'Andrea gestreichelt werden, und da muss eben einfach ein deutsches Auto her. „Ich habe mir einen Audi A5 geleistet ... der absolute Wahnsinn", grinst er.

Für ein bisschen (positiven) Wahnsinn ist der deutscheste aller Italiener immer zu haben. Bestätigten Gerüchten zufolge wurde er gar schon mal nackt auf einem Roller gesichtet. „Das ist aber wirklich das Wildeste, was ich je getan habe. Na ja, zumindest bis ich bei den JUNGEN WILDEN gewonnen habe. Ansonsten war ich immer ganz brav und artig, ehrlich!", beteuert er. Brav und artig ist er jedenfalls, wenn er sich um das leibliche Wohl seiner Liebsten kümmert. Das tut er mit großer Hingabe und ganz selbstverständlich. Bei D'Andreas hat nämlich einer – und nur einer – den heimischen Kochlöffel in der Hand, und zwar er. „Ich koche eben einfach wirklich gerne und empfinde das nicht als Mühsal", erzählt er. Die kulinarischen Machtverhältnisse in den eigenen vier Wänden wären damit also geklärt. Wirklich schwach wird er ohnehin nur bei Prada, Gucci, Louis Vuitton – und seiner Freundin. Die steht nämlich ganz oben auf der Prioritätenliste in seinem Privatleben. „Ja, ich weiß schon, das klingt so abgedroschen, aber ohne Liebe geht halt einfach nichts im Leben. Egal, ob das jetzt die Liebe zu deiner Familie, einer Frau oder einem Produkt ist." Apropos Liebe zum Produkt: Für wirklich tolles Essen greift er schon mal tief in die Tasche. Am Chef's Table von Roland Trettls Hangar-7 hat es ihm dann aber doch kurz die Sprache ob der Rechnung verschlagen. „Das war definitiv das teuerste Essen meines Lebens. Allerdings auch das beste." In die Küche von Roland Trettl zieht es ihn aber trotzdem nicht. „Ich mag Deutschland, ich mag den Süllberg. Warum also sollte ich hier weg. Aber einen eigenen Pâtisserie-Laden hier in der Stadt, das könnte ich mir schon vorstellen." Wir uns auch.

4. November

will:
Millionär werden

liebt:
die Liebe

hasst:
schlecht gekleidete Menschen

SCHOKOLADENKUGEL
HASELNUSS. PREISELBEERE. WILDKRÄUTER

SCHOKOLADENKUGEL

200 ml	Sojamilch
30 ml	Creme de Cacao
20 g	Zucker
100 g	Guanaja
100 g	Kakaobutter
60 g	Kokosfett
0,04 g	Bronzepulver
5 g	Guanaja

SCHOKO-SOUFFLÉ

140 ml	Sahne
10 g	Kakaopulver
2 g	Stärke
95 g	Guanaja-Kuvertüre
3	Eiweiß
25 g	Zucker
	Butter, Zucker

HASELNUSSCREME

100 ml	Milch
35 ml	Wasser
24 g	brauner Zucker
3 g	Gellan low
75 g	Haselnusspaste „Sosa"

PREISELBEEREIS

100 ml	Preiselbeersaft
85 g	Zucker
35 g	Glukosepulver
1 TL	Guarzoon
1 TL	Locuzoon
250 g	Preiselbeeren, tiefgefroren
75 g	Joghurt

SCHOKOLADENKUGEL

Für die Tunkschokolade Kakaobutter, Kokosfett, Bronzepulver und Guanaja gemeinsam über dem Wasserbad erwärmen. Sojamilch, Creme de Cacao und Zucker aufkochen. Über die Schokolade geben, mit dem Mixstab emulgieren und 12 Stunden kühl stellen. In einer KitchenAid die Ganache aufschlagen, in eine Halbkugelform spritzen und einfrieren. Die gefrorenen Rohlinge zusammenkleben, mit einem Zahnstocher aufspießen, in die Tunkschokolade geben und anziehen lassen. Dann mit Trennspray besprühen und in den getrockneten Schokoladensoufflés wälzen.

SCHOKO-SOUFFLÉ ! ! !

Die Sahne mit Kakao und Stärke durchkochen. Kuvertüre zufügen und emulgieren. Eiweiß aufschlagen und den Zucker kurz vor dem Erhärten dazugeben, dann kurz weiterschlagen. Einen Teil des Eiweißes in die Masse geben und verrühren, den Rest vorsichtig unterheben. Die Masse in gebutterte und gezuckerte Förmchen geben und in einem Einsatz mit heißem Wasser bei 180 °C Oberhitze und 210 °C Unterhitze im Ofen backen. Die Soufflées aus den Formen stürzen und für 2 Tage trocknen. Danach mit etwas Kakaopulver fein mahlen.

HASELNUSSCREME

Wasser mit Gellan verrühren und mit der Milch und dem Rohrzucker aufkochen. In den Thermomix geben und die Haselnusspaste hineinlaufen lassen. Gut emulgieren und auskühlen lassen. Erneut im Thermomix zu einer feinen Creme mixen.

PREISELBEEREIS

Zucker, Glukosepulver, Guarzoon und Locuzoon verrühren und mit dem Preiselbeersaft aufkochen. Preiselbeeren und Joghurt im Thermomix mixen. Anschließend den Preiselbeersaft dazugeben und mixen, bis eine glatte Masse entsteht. Eventuell passieren. Eine Nacht stehen lassen, dann in der Eismaschine gefrieren.

ZUBEREITUNGSZEIT: 2 Stunden (ohne Ruhezeit) | **SCHWIERIGKEITSGRAD:** Mittel

ZITRONENTHYMIAN-TARTE
BERGPFEFFER. WHISKEY. LIMONE.

ZITRONENTHYMIAN-CREME

105 ml	Sahne
4 g	Zitronenthymian
25 g	Zucker
1,8 g	Pektin
30 ml	Zitronensaft
0,7 g	Xanthazoon
15 g	Butter
¼ Bl.	Gelatine

WHISKEY-EIS

100 ml	Milch
8 g	Magermilchpulver
10 g	Glukosepulver
22 g	Zucker
1 g	Eisstabilisator
44 ml	Sahne
15 ml	Whiskey

LIMONENBAISER

30 ml	Limejus
20 ml	Läuterzucker
20 ml	Limettensaft
1	Eiweiß
4 g	Albumin
8 ml	Whiskey

LIMONEN-PFEFFER-CRUMBLE

15 g	Butter
15 g	Haselnussgrieß
10 g	Rohrzucker
1 g	Salz
15 g	Mehl
1 g	japanischer Limonenpfeffer

➛ ZITRONENTHYMIAN-CREME

Sahne aufkochen, Zitronenthymian dazugeben und 10 Minuten abgedeckt ziehen lassen. Danach passieren. Zucker mit Pektin vermischen, in die Sahne geben und aufkochen. In der Zwischenzeit den Zitronensaft mit dem Xanthazoon mixen und in die Sahne emulgieren. Bei etwa 50 °C die Butter in die Masse mixen und die Gelatine dazugeben. Auskühlen lassen.

WHISKEY-EIS

Milch mit Magermilchpulver, Glukose und der Hälfte des Zuckers auf 37 °C erwärmen. Den restlichen Zucker mit dem Eisstabilisator vermischen, dazugeben und weiter auf 45 °C erhitzen. Die Sahne einrühren und auf 87 °C erwärmen. Die Eismasse eine Nacht durchziehen lassen. Den Whiskey einmal aufkochen. Die Eismasse im Thermomix emulgieren, den Whiskey dazugeben. Eventuell noch einmal mit etwas Whiskey abschmecken.

LIMONENBAISER

Alle Zutaten miteinander vermixen. Mindestens eine Stunde quellen lassen und dann in der Kitchen-Aid aufschlagen. In einen Spritzsack füllen, punktweise auf den Teller spritzen und mit einem kleinen Bunsenbrenner abflämmen.

LIMONEN-PFEFFER-CRUMBLE

Alle Zutaten mit der Hand verkneten und bei 170 °C etwa 20 Minuten backen. Auskühlen lassen und klein hacken.

ZUBEREITUNGSZEIT: 1½ Stunden | **SCHWIERIGKEITSGRAD:** Mittel

KORN AN KORN
GETREIDE. MILCH. TOPINAMBUR.

HAFERCREME

100 ml	Hafermilch
1	Eigelb
1,4 g	Pektin
20 g	brauner Zucker
0,5 g	Xanthazoon
¼ Bl.	Gelatine
32 g	Crème fraîche

MAISSPONGE

1	Eigelb
3	Eier
50 g	Zucker
2 g	Salz
80 g	Maispüree
40 g	braune Butter
20 g	Mehl
20 g	Cornflakes, gemahlen
	Malzpuder

GETREIDEEIS

220 ml	Milch
25 g	Haferflocken
25 g	Buchweizen
29 ml	Sahne
25 g	Zucker
10 g	Rohrzucker
1	Eigelb

TOPINAMBUR

50 g	Topinambur
80 ml	Milch
15 g	Zucker

HAFERCREME

Die Hafermilch mit dem Eigelb verrühren. Den braunen Zucker, Pektin und Xanthazoon vermischen und in die Milch geben. Zusammen aufkochen und kurz kochen lassen. Die Masse in den Thermomix geben, dann die eingeweichte Gelatine und die Crème fraîche zugeben. Abgedeckt auskühlen lassen.

MAISSPONGE

Alle Zutaten zusammen im Thermomix laufen lassen. Passieren, in eine iSi-Flasche füllen und mit 2 CO_2-Kapseln beschießen. Danach in der Mikrowelle im Plastikbecher etwa 30 Sekunden backen. Den fertigen, gebrochenen Sponge mit etwas süßem Malzpuder bestäuben.

GETREIDEEIS

Die Haferflocken zusammen mit dem Buchweizen im Ofen rösten. Die Milch aufkochen, das geröstete Getreide dazugeben und abgedeckt etwa 14 Minuten ziehen lassen. Anschließend durch ein Tuch passieren. 160 Milliliter der Getreidemilch mit Sahne, Zucker, Rohrzucker und Eigelb vermischen, zur Rose abziehen und kalt stellen. Dann in einer Eismaschine gefrieren.

TOPINAMBUR

Die Milch zusammen mit dem Zucker aufkochen und auf Eis kalt rühren. Den Topinambur schälen und mit einem Trüffelhobel in die Milch hobeln. Alles zusammen in einem Beutel vakuumieren und 24 Stunden auf Eis setzen.

ZUBEREITUNGSZEIT: 1½ Stunden | **SCHWIERIGKEITSGRAD:** Mittel

ROLAND HUBER

→ Junger Wilder 2008

KÖCHE, DIE NICHTS ANBRENNEN LASSEN, GIBT ES GENUG. ROLAND HUBER BRENNT VIELMEHR DARAUF, DURCH SEINE KREATIONEN AUFSEHEN ZU ERREGEN. DER JUNGE WILDE 2008 MACHT DAS MIT DER NÖTIGEN COOLNESS.

MISTER COOL

„Sarah Wiener ist etwas für Laien, aber nichts für Profiköche." Mit großspurigen Aussagen wie dieser ließ Roland Huber bereits beim JUNGE WILDE-Finale 2008 groß aufhorchen. Letztendlich waren es aber nicht die markigen Sprüche, die ihm zum verdienten Sieg verholfen haben, sondern seine Kochkünste. Doch abgesehen von den wortgewaltigen Äußerungen des gebürtigen Oberösterreichers gibt es vom Auftreten her in der Riege der JUNGEN WILDEN bestimmt extrovertiertere Kerle.

Roland Huber ist definitiv nicht der Showman, der durch Tattoos oder trendige Haarpracht Aufsehen erregt. Aber auch wenn er vielleicht nicht der Wildeste unter den Wilden sein mag, cool ist er auf alle Fälle. Und Coolness ist im stressigen Business hinter den Herdplatten, die die Welt bedeuten, nun doch eine äußerst erstrebenswerte Eigenschaft. Der Schlüssel zum Erfolg sind für Huber die perfekten Produkte. Unter Verwendung neuer Techniken, ohne den Eigengeschmack der edlen Rohstoffe zu verfälschen. Er steigt auf den Berg, um Latschenkiefer zu pflücken, und er begann, selbst Parakresse zu züchten, weil er sonst keinen Anbieter für dieses Gewürz gefunden hat.

Geboren 1983 in Vöcklabruck, begann seine Kochkarriere als Commis de Cuisine und Chef de Partie im Restaurant Residenz im Chiemgau. Der Oberösterreicher hatte in weiterer Folge nur die besten Lehrmeister für seine anspruchsvollen Ambitionen: Im legendären Pfefferschiff in Hallwang startete Huber die steile Karriere in der spannenden Welt der High Cuisine. Heinz Winkler prägte später seinen Geschmackssinn. Heinz Reitbauer motivierte ihn zu kreativen Ideen. Und schließlich Dieter Müller, der seinem Schützling Perfektion eintrichterte. Von April 2010 bis Juni 2013 war das Ausnahmetalent Chef de Cuisine im Restaurant Relais & Châteaux Kloster Und von Toni Mörwald in Krems. Hier konnte er sein ganzes Potenzial ausspielen und überzeugte immer wieder mit neuen kreativen Ideen.

Seine Gerichte finden mit maximal drei geschmacklichen Komponenten ein Auslangen. Ohne selbst permanent im medialen Rampenlicht zu stehen, hat sich Roland Huber sensationelle 17 Gault-Millau-Punkte erkocht. Einen Achtungserfolg erarbeitete er sich auch beim Bocuse d'Or im Jahr 2010. Er verpasste beim renommiertesten Kochwettberb der Welt in Genf zwar mit zwei Punkten knapp die Qualifikation für das Finale, führte Österreich aber mit Rang 13 wieder unter die besten 20 Kochnationen Europas.

...hoffentlich mal jemand aus Österreich.

Der beste Koch der Welt ist …

FAMILY GUY

Auch wenn Roland Huber als der Ruhige unter den Wilden gilt, kann er privat ziemlich Gas geben. Der Speed-Freak ist nämlich fanatischer Motorsport-Fan und verfolgt neben Formel 1 oder Bergrallyes vor allem auch Motorradrennen: „Ehrlich gesagt würde ich am liebsten nicht mit Kochlegenden wie Paul Bocuse oder Auguste Escoffier hinter dem Herd stehen, sondern vielmehr mit Valentino Rossi, dem erfolgreichsten Motorradrennfahrer der Geschichte."

Nur hat sich das mit dem Gasgeben, vor allem auch nachts auf der Piste, in letzter Zeit etwas gelegt: Der leidenschaftliche Koch ist nämlich stolzer Papa einer im Juli 2011 geborenen Tochter. Die Familienplanung ist aber noch lange nicht abgeschlossen. Gemeinsam mit seiner großen Liebe Barbara hat er anscheinend die stürmischen Tage hinter sich gelassen und freut sich über das gemeinsame Familienglück. Gefunden hat er die Frau fürs Leben, wie sollte es anders sein, durch den Beruf: „Wir haben uns im Steirereck in Wien kennengelernt und sind seitdem ein unzertrennliches Paar. Wir haben gemeinsam schon vier Betriebe durch", schwärmt der talentierte Koch über die wichtige Stütze in seinem Leben.

Um dem harten Berufsalltag zu entfliehen, stehen beim JUNGEN WILDEN regelmäßige Städtetrips auf dem Programm: „Der letzte aufregende Urlaub war bestimmt New York. Die faszinierendste Stadt, die ich je gesehen habe. Freiheitsstatue, Central Park oder das Empire State Building haben sich definitiv nachhaltig in mein Hirn eingebrannt", schwelgt der reiselustige Chefkoch in Erinnerungen. Reine Strandurlaube findet der Globetrotter hingegen extrem öd. Und geht es nicht in aufregende Lifestyle-Metroplen, dann werden im Winter die österreichischen Skigebiete unsicher gemacht: „Sehr gerne cruisen wir in Großarl über den Schnee. Herrliche Berge, breite Pisten und gemütliche Skihütten." Wobei in den alpinen Schunkelhütten möglichst keine Schlagerhits laufen sollten, denn mit Mitklatschsongs kann Huber gar nichts anfangen.

Am liebsten frönt er aber seinem größten Hobby und das lautet wenig überraschend: Kochbücher. „Weit über hundert habe ich bis jetzt angesammelt und ein Ende ist nicht in Sicht", lacht der sammelwütige Vollblutkoch und freut sich schon aufs nächste Exemplar.

1983
20. November

ist:
Formel-1-Fan

liebt:
Kochbücher

hasst:
Volksmusik & Schlager

SPARGEL. LIMONENSEITLINGE. ZUNGE.

HAUPTAKTEURE

2		Kalbszungen, gepökelt
16 Stk.		Limonenseitlinge
4		Spargel, weiß, geschält
2		Spargel, grün
2	EL	Butter
2	EL	braune Butter
		Thymian
		Salz

BUTTERSCHAUM

2		Eigelb
500 g		braune Butter
2		Messerspitzen Xanthan
2		iSi-Patronen
		Zitrone, Salz

MISO-VINAIGRETTE

40 g		Misopaste, hell
70 ml		Zitronensaft
40 g		Zucker
10 g		Mirin

GARNITUR

100 g		Frühlingskräuter
		Blüten

HAUPTAKTEURE

Eine Stange Spargel bei geringer Hitze in Butter mit Thymian und etwas Salz bissfest schmoren. Den restlichen Spargel und die Kalbszunge der Länge nach einen Millimeter dünn aufschneiden, leicht salzen, mit etwas Marinade bepinseln und anschließend zu Röllchen formen. Limonenseitlinge kurz dämpfen und in brauner Butter schwenken.

BUTTERSCHAUM

Das Eigelb mit einem Spritzer Zitrone und Xanthan in einen Becher (hoch und schmal) geben. Die braune Butter erhitzen und mit dem Eigelb eine Mayonnaise herstellen, abschmecken. In eine iSi-Flasche mit 2 Patronen geben.

MISO-VINAIGRETTE

Für die Miso-Vinaigrette alle Zutaten gut mixen.

ANRICHTEN

Den Teller mit Frühlingskräutern und Blüten garnieren.

ZUBEREITUNGSZEIT: 1 Stunde | **SCHWIERIGKEITSGRAD:** Mittel

TAUBE. KOHLRABI. BÄRLAUCHWURZEL.

AMARANT-KORIANDER-BRÖSEL

2 EL	Koriander, ganz und geröstet
2 TL	Mandeln, geschält
2 EL	Amarant, gepoppt

TAUBE

4 Stk.	Taubenbrust
100 ml	Traubenkernöl
2 EL	Butter
	Thymian, Salz, Brösel

KOHLRABI

2	Kohlrabi
2 TL	Butter
2 EL	braune Butter
2 EL	Sahne
100 g	Bierradi
	Geflügelfond
	Salz

BÄRLAUCHWURZEL

4	Bärlauchwurzeln
	braune Butter

GARNITUR

Aronia-Kernöl von Gegenbauer
Ghoa-Kresse
Blüten
Rotkrautpulver
Bärlauchöl

AMARANT-KORIANDER-BRÖSEL

Den Koriander und die Mandeln in einer Kaffeemühle fein mahlen, zum Amarant mischen.

TAUBE

Die Tauben mit dem Traubenkernöl vakuumieren. Bei 60 °C im Wasserbad etwa 8 Minuten (50 °C Kerntemperatur) garen. Rasten lassen, anschließend salzen und in Butter mit etwas Thymian nachbraten. In Brösel tauchen.

KOHLRABI

Die Hälfte des Kohlrabi in feine Streifen schneiden, in Butter glacieren, mit Geflügelfond und Sahne aufgießen, weich kochen. Den restlichen Kohlrabi dünn aufschneiden, leicht salzen und einrollen. Bierradi mit einem Gemüsehobel in lange Fäden schneiden und ebenfalls nur salzen. Die feinen Kohlrabiblätter kurz dämpfen und in etwas brauner Butter wenden.

BÄRLAUCHWURZEL

Die Bärlauchwurzeln sehr gut waschen, kurz dämpfen und in brauner Butter schwenken.

ZUBEREITUNGSZEIT: 1 Stunde | **SCHWIERIGKEITSGRAD:** Mittel

HIMBEER. PERICON. LITSCHI.

SCHOKO-COOKIE

210 g	Butter
200 g	Staubzucker
160 g	brauner Zucker
10 g	Salz
2	Vanilleschoten
100 g	Macadamianüsse, gehackt
50 g	Mandeln, gehackt
2	Eier
350 g	Mehl
2 EL	Kakaopulver
150 g	Schokolade, gehackt
10 g	Backpulver

INGWERCREME

300 ml	Sahne
	Ingwer
50 ml	Eigelb
30 g	Zucker
2 Bl.	Gelatine

LITSCHI-POPCORN

500 g	Litschi-Mark
2 Bl.	Gelatine

GARNITUR

Himbeeren, frisch
Rhabarber, eingelegt
Pericon, Baiser, Salzhippen

SCHOKO-COOKIE

Butter, Staubzucker und braunen Zucker schaumig schlagen, die Eier nach und nach einrühren. Die restlichen Zutaten vorsichtig einmengen. In einer Frischhaltefolie in die gewünschte Größe einrollen und abkühlen lassen. Danach in 5 Millimeter dicke Scheiben schneiden und bei 160 °C für 10 Minuten backen. Kurz auskühlen lassen und in Würfel schneiden.

INGWERCREME

Ingwer mit der Sahne aufkochen, zur Seite stellen und ungefähr 2 Stunden ziehen lassen. Danach abseihen und mit dem Zucker und Eigelb zur Rose abziehen. Gelatine darin auflösen und kalt stellen.

LITSCHI-POPCORN

200 Gramm Litschi-Mark erwärmen und die Gelatine darin auflösen. Restliches Litschi-Mark einrühren, in eine iSi-Flasche füllen, mit 6 Kapseln bestücken und 2 Stunden kühlen lassen. Die Massen in flüssigen Stickstoff spritzen und durchfrieren lassen.

ZUBEREITUNGSZEIT: 2 Stunden | **SCHWIERIGKEITSGRAD:** Mittel

KOLJA KLEEBERG

Mitbegründer der Jungen Wilden

WAS HAT KOLJA KLEEBERG, WAS ANDERE NICHT HABEN? RICHTIG VIEL FEUER. ABER EBEN NICHT NUR AM HERD, SONDERN AUCH AUF DER BÜHNE. UND SO ROCKT, SCHERZT UND KOCHT ER SICH WOHL AUCH IN ZUKUNFT MÜHELOS INS HERZ EINER GANZEN NATION.

DER WILL DOCH NUR SPIELEN

Gerhard Nikolaus Kleeberg ist immer für das eine oder andere bühnenreife Kunststück zu haben. Und das liegt keineswegs nur an seiner frühen Karriere als Schauspieler und Sänger, die er erst mit 22 Jahren für eine Kochlehre schmiss. Nach Beendigung selbiger wusste er nämlich auch auf der kulinarischen Bühne Glanzstücke am laufenden Band abzuliefern. Etwa jenes, das Restaurant VAU in Berlin – damals noch als Küchenchef unter der Patronanz von Josef Viehhauser – innerhalb nur eines Jahres zur ultimativen Gourmet-Adresse der Stadt zu machen. Den Michelin-Stern, den er damals mit seiner leicht avantgardistisch angehauchten „Berlin Cuisine" erkochte, hält er seit 1997 durchgehend. Und das mehr als zu Recht, denn was der Mann mit der charakteristisch hochgezogenen Augenbraue am Gendarmenmarkt auf den Teller bringt, ist geschmacklich so wunderbar harmonisch und handwerklich so vollendet, dass auch die kritischsten Gourmets regelmäßig ins Schwärmen geraten. Leichtigkeit und Lebensfreude, Neugierde und Lust am Experimentieren: Das sind Kleebergs Basiszutaten im Leben und in der Küche. Er selbst bezeichnet Kochen als „Lusthandwerk im Kopf, das unendlich viele Möglichkeiten bietet, sich auszudrücken. Die Geschichte, die Eigenschaften und das Verhalten eines Produktes sind Aspekte, die ich in meinen Kreationen immer wieder durchspiele." Am Ende dieser Reise stehen Gerichte wie „Escabeche vom Marensin-Huhn mit Aubergine" oder „Brandenburger Reh mit Mandelcreme, Fichtennadelsabayon und Sauerklee". Und wie es sich für jemanden, der die Bühne liebt, gehört, legt er bei seinen Menükreationen natürlich ebenfalls Wert auf eine perfekte Inszenierung. „Ein Theaterstück folgt doch auch einem Schema – behutsame Heranführung, mitreißender Höhepunkt, fulminantes Finale", sagt er.

Fulminante Erfolge feiert der gebürtige Kölner seit vielen Jahren auch als TV-Koch. Logisch eigentlich, denn mit der Küche als Bühne treffen sich zwei seiner größten Leidenschaften: Kochen und Unterhaltung. Aus Sendungen wie der ZDF-Küchenschlacht ist der Gourmet-Tausendsassa nicht mehr wegzudenken, Diskussionen rund um die Daseinsberechtigung der Medienköche lassen ihn aber völlig kalt. Er möchte die Menschen fürs Kochen begeistern, und das gelingt ihm auch. Punkt. „Und ich persönlich finde, JUNGER WILDER zu sein, bedeutet auch, nicht alles so bierernst zu nehmen und mit einem Augenzwinkern durchs Leben zu gehen, oder?"

„ICH HABE EINFACH WIRKLICH SPASS AM KOCHEN. UND AM LEBEN."

Einmal vorher gucken sollte erlaubt sein...

Eine Million für einen One-Night-Stand - Deal?

KLAMPFE UND KLAMAUK

Die Legende will, dass der kriechende Hund schuld war. Den hätte Kolja Kleeberg mimen sollen. Weil er das possierliche Tierchen auf der Bühne aber partout nicht zum Leben erwecken wollte, wurde der Sohn eines Juristen und einer Lehrerin dann eben doch Koch. „Im Nachhinein betrachtet war das eine glückliche Fügung. Erstens war ich ehrlich gesagt nicht gerade der Oberstreber und hätte ich ein Studium angefangen, wäre ich erst mit 40 fertig gewesen. Und zweitens ist Koch ein Beruf, der viel Kreativität und einen gewissen Hang zur Selbstdarstellung erfordert. Perfekt für mich."

Auf Kolja, den Entertainer, muss die Welt aber trotzdem nicht verzichten. Das liegt einerseits daran, dass ihm seit Geburt der Schalk im Nacken sitzt, und andererseits an den Gitarren, die überall da sind, wo er ist. „So an die sechs Stück habe ich alleine im VAU stets griffbereit. Man weiß ja nie, wonach einem gerade der Sinn steht", erklärt er. Nach Musik steht ihm eigentlich immer der Sinn, sie ist sein persönlicher Ruheraum – obwohl es mit der Ruhe vorbei ist, wenn der Mann mit den tausend Gesichtsausdrücken nach dem Abendservice loslegt. Im VAU verarbeitet er den Ohrwurm des Tages mit der Klampfe unter dem Arm gerne spontan in ein hitverdächtiges Ständchen und macht Gourmets kurzerhand zu Blues-Country-Rock-'n'-Roll-Fans. Und das jährlich stattfindende Hoffest mit Sterneküche auf dem Teller und Kleeberg mit Cowboyhut und Westernstiefeln am Mikrofon hat in Berlin mittlerweile Kultstatus.

„Musik, Gesang, Kuscheln und Pasta. Das sind die tragenden Säulen meiner Existenz", erzählt er und gesteht, dass sein letztes Mahl auf Erden Spaghetti carbonara wären. Wenn er nach getaner Arbeit meist weit nach Mitternacht nach Hause zu seiner Frau und den drei Kindern kommt, wirft er den heimischen Herd dafür zwar meist nicht mehr an – für Brombeermarmelade aber schon. Einkochen macht Spaß und entspannt, findet Kolja zumindest, und zwar auch um drei Uhr morgens. Überhaupt kocht er zu Hause gerne und so oft wie möglich. „Da habe ich dann auch die Ruhe und die Zeit, die mir im VAU oft fehlen. Dort bin ich ständig am Rotieren und Organisieren." Und am Summen und Pfeifen natürlich. Für eine hübsche kleine Melodie ist nämlich immer Zeit.

1964
12. Mai

ist ein bisschen wie:
Donald Duck

liebt:
Pasta pur

hasst:
Oberflächlichkeiten

Gourmet & Gitarre unter:
www.vau-berlin.de

TANDOORI-HUMMER
MIT ZWIEBELPAKORA UND GURKENSCHAUM

TANDOORI-HUMMER

2	Hummer
2 EL	Tandooripaste
1 EL	Joghurt
1	Limette
1 TL	Ingwer, grob gewürfelt
1 EL	Butter
2	Zweige Koriander, frisch
	Salz, Pfeffer

ZWIEBELPAKORA

1 kg	Zwiebeln
160 g	Kichererbsenmehl
100 g	Reismehl
10 g	Salz
½ TL	Paprika, süß
1 TL	Kurkuma
½ TL	Garam masala
10	Korianderkörner
½ TL	Kreuzkümmel
1 TL	Backpulver
1	Eiweiß
1	Limette
	Pflanzenöl

GURKENSCHAUM

300 g	Joghurt
100 ml	Gurkensaft (aus 1 bis 1½ Gurken)
100 ml	Sahne
3 Bl.	Gelatine
2	Korianderstiele
	Zitronensaft, Piment, Salz, Masala

LINSEN

50 g	rote Linsen
100 ml	Rote-Bete-Saft
	Limettensaft, Öl, Salz, Pfeffer

TANDOORI-HUMMER

Hummer in Salzwasser 2½ Minuten kochen, Scheren und Gelenke abtrennen und diese 2 weitere Minuten kochen. Den Schwanz in gesalzenem Eiswasser abkühlen, Gelenke und Scheren abschrecken und auslösen. Chitinplättchen herausziehen, die Schwänze längs halbieren und unter kaltem Wasser abspülen. Tandooripaste mit Joghurt und Limettensaft mischen. Das Hummerfleisch bepinseln, den Schwanz vorsichtig aus dem Panzer lösen und wieder zurücksetzen. Hummerschwänze auf der Fleischseite anbraten und mit Butter, Ingwer und Koriander aromatisieren. Die Scheren in warmer Butter schwenken, salzen und pfeffern. Je eine Schwanzhälfte und eine Schere anrichten.

ZWIEBELPAKORA

Zwiebeln schälen, in Streifen schneiden und mit etwas Pflanzenöl bei geringer Hitze weich schmoren. In einem Sieb über Nacht abtropfen lassen. Kichererbsenmehl mit den übrigen Zutaten (außer Eiweiß) mischen. Davon 90 Gramm abwiegen, mit 75 Milliliter Wasser und Limettenabrieb vermengen und in die Zwiebelmasse einarbeiten. Eiweiß halb steif schlagen und unterheben. Zwiebelmasse zu Nocken formen und ausbacken.

GURKENSCHAUM

Joghurt, Gurkensaft, Sahne und Korianderstiele pürieren. Eingeweichte Gelatine in etwas Zitronensaft auflösen und unter die Joghurtmasse heben. Würzen, passieren und in einen iSi-Sahnespender mit 2 Patronen füllen. Den Gurken-Joghurt-Schaum in kleine Gläser füllen.

LINSEN

Linsen etwa 3 Stunden in kaltem Wasser einweichen, anschließend in kochendem Rote-Bete-Saft bissfest garen. Aus Limettensaft, Salz, Pfeffer und Olivenöl eine Vinaigrette herstellen, die Linsen marinieren und auf dem Gurkenschaum anrichten.

ZUBEREITUNGSZEIT: 1 Stunde (ohne Ruhezeit) | **SCHWIERIGKEITSGRAD:** Mittel

SOUFFLIERTER KARTOFFELSCHMARRN
MIT IMPERIAL-KAVIAR

KARTOFFELSCHMARRN

150 g	Kartoffeln, festkochend
100 g	Kartoffeln, mehlig
1 EL	Quark
1	Eigelb
2 EL	Mehl
150 ml	Milch
1 EL	Butter, zerlassen
1	Eiweiß
1 EL	Butter zum Braten
1 Bd.	Schnittlauch
	Meersalz aus der Mühle
	weißer Pfeffer aus der Mühle
	Butter, Schnittlauch

IMPERIAL-KAVIAR

60 g	Imperial-Kaviar
120 g	Crème fraîche
	Saft einer Zitrone
	Salz

KARTOFFELSCHMARRN

Beide Kartoffelsorten gar kochen und schälen. Die festkochenden noch warm durch die Kartoffelpresse drücken, Quark, Eigelb, Mehl, Milch und zerlassene Butter untermischen. Mit Salz und Pfeffer würzen. Die mehlig kochenden Kartoffeln abkühlen lassen und grob reiben. Eiweiß mit einer Prise Salz steif schlagen und mit den geriebenen Kartoffeln vorsichtig unter die erste Mischung heben. Butter in einer ofenfesten Pfanne aufschäumen. Kartoffelmasse hinzugeben und etwa 2 Minuten leicht anbraten. Auf der mittleren Schiene des Backofens bei 250 °C Ober-/Unterhitze etwa 10 Minuten fertig garen. Weitere 2 Minuten unter dem Grill bräunen. Herausnehmen und vorsichtig mit 2 Esslöffeln zerteilen. 3 Stück Kartoffelschmarrn in den Zwischenräumen anrichten. Die Butter leicht bräunen, salzen, mit frisch geschnittenem Schnittlauch vermengen und über den Schmarrn träufeln.

IMPERIAL-KAVIAR

Vom Imperial-Kaviar je nach gewünschter Menge eine Nocke abstechen und in die Mitte des Tellers setzen. Crème fraîche mit Salz und Zitronensaft verrühren und abwechselnd mit dem Kaviar anrichten.

ZUBEREITUNGSZEIT: 1 Stunde | **SCHWIERIGKEITSGRAD:** Leicht

NEGRESCO
VON DER VALRHONA-SCHOKOLADE MIT KIRSCHEN

NEGRESCO

1	Eigelb
1	Ei
4 cl	Stroh-Rum
400 g	Valrhona-Kuvertüre Caraïbe 66 %
70 g	Zucker
500 ml	Sahne
1	Vanilleschote
10 g	Fleur de Sel

FONDANT

520 g	Valrhona-Kuvertüre Caraïbe 66 %
450 g	Zucker
400 g	Butter
10	Eier

SCHOKO-KROKANT

250 g	Zucker
70 g	Glukose
100 ml	Wasser
50 g	Valrhona-Kuvertüre Caraïbe 66 %
50 g	Butter

SCHOKO-SORBET

250 g	Valrhona-Kuvertüre Caraïbe 66 %
200 g	Zucker
750 ml	Wasser
2 EL	Kakaopulver
3 Bl.	Gelatine

KIRSCHEN

50 g	Zucker
100 ml	Portwein, rot
400 g	Kirschen
	Vanilleschote
	Zitrone

NEGRESCO

Ei und Eigelb, Zucker, Salz, Vanille und Rum über dem Wasserbad schaumig schlagen. Schokolade schmelzen und in die warme Masse einrühren. Geschlagene Sahne unterheben und 2 Stunden kalt stellen.

FONDANT

Kuvertüre, Zucker und Butter in einem Topf schmelzen, danach die Eier einmixen. Alles in einer flachen Form im Ofen 35 Minuten bei 100 °C stocken lassen. Danach 2 Stunden kalt stellen.

SCHOKO-KROKANT

Zucker und Glukose mit Wasser in einem Topf zu einem hellen Karamell kochen. Kuvertüre und Butter zufügen und glatt rühren. Erkalten lassen und in einer Küchenmaschine zu Pulver mahlen. Das Pulver auf ein Backpapier über Schablonen sieben und bei 180 °C schmelzen lassen. Abgekühlt trocken lagern.

SCHOKO-SORBET

Alle Zutaten aufkochen, passieren und noch heiß in der Eismaschine frieren.

KIRSCHEN

Zucker karamellisieren, mit Portwein ablöschen, auf die Hälfte reduzieren und mit Vanille und etwas Zitronenabrieb aromatisieren. Kirschen halbieren und entkernen, die Kerne im Fond nochmals aufkochen und mit etwas angerührter Stärke binden. Durch ein Sieb passieren und die Kirschen in den noch warmen Fond geben. Sofort kalt stellen.

ZUBEREITUNGSZEIT: 4 Stunden | **SCHWIERIGKEITSGRAD:** Mittel

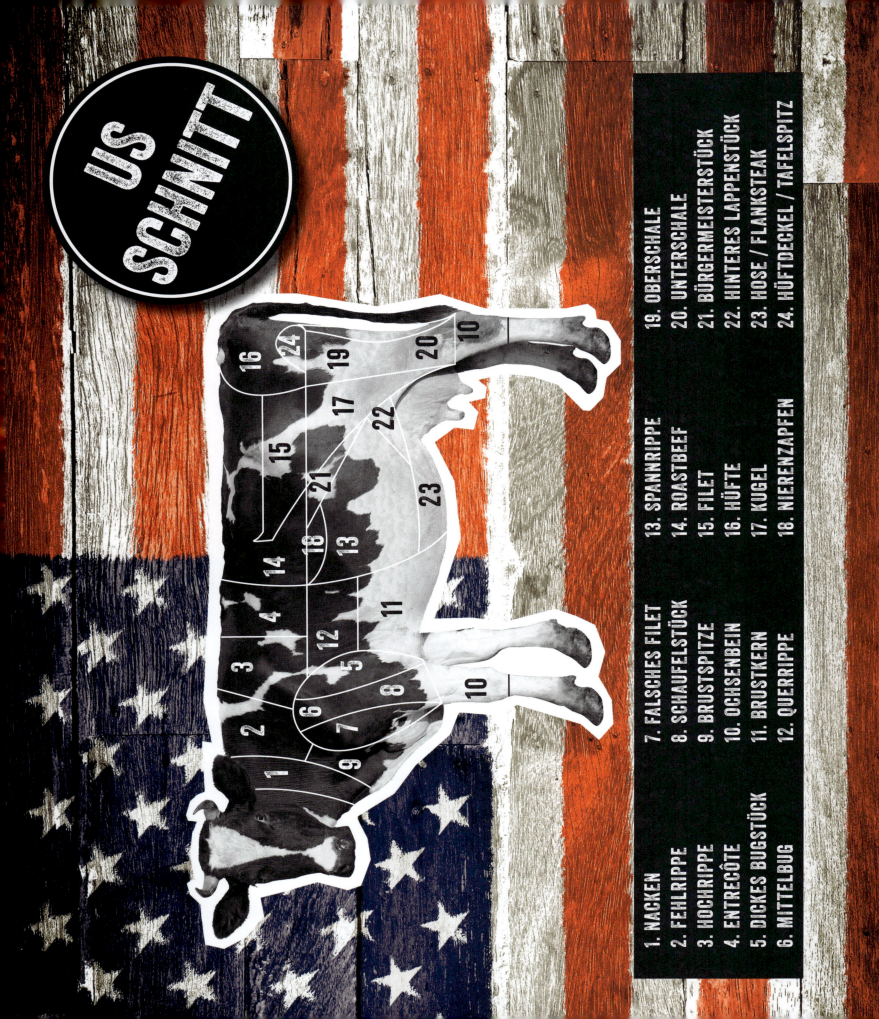

STEFAN MARQUARD

ENFANT TERRIBLE, PIRATENKOCH UND HEAVY-METAL-CHEF: STEFAN MARQUARD IST JUNGER WILDER DER ERSTEN STUNDE UND ZEIGT SICH UNGEBROCHEN ALS ROCK 'N' ROLLER DER KÜCHENKÜNSTE. EIN MANN MIT GESCHMACK UND SCHMACKES.

JUNGER WILDER GODFATHER

Ziegenbart, schwarze Hornbrille und Piratenkopftuch. Der Typ fällt auf. Selbst beim lautesten Heavy-Metal-Festival drehen sich die headbangenden Rockerköpfe nach dem Hardcore-Chef um. Das Posterchild aller JUNGEN WILDEN ist ja auch der Inbegriff des verwegenen Kitchenrockers: Rezepte werden radikal umgedreht und die behäbig-schwere Küchenlethargie mit Punkrock und Heavy Metal vertrieben.

Dabei begann der gelernte, leidenschaftliche Metzger 1981 seine Lehre als Koch einst ganz konventionell im Hotel Rebstock in Würzburg. Im Anschluss daran sammelte Stefan Marquard Berufserfahrung im damaligen Spitzenrestaurant Graues Haus in Oestrich-Winkel sowie im Gasthof Rottner in Nürnberg. 1989 wurde er dann Küchenchef der Taverna la Vigna in der Schweizer Stuben in Wertheim-Bettingen, wo seine Küche als „Beste Italienische Küche" in Deutschland gekürt wurde. 1991 wagte der Kochpirat den nächsten Schritt: Er eröffnete sein erstes eigenes Restaurant, die Drei Stuben in Meersburg. Das kulinarische Baby Stefan Marquards wurde sowohl vom Gault Millau mit 18 Punkten als auch mit einem Michelin-Stern ausgezeichnet.

Von 2001 bis 2003 übernahm er die kulinarische Leitung des Lenbach in München, bis er schließlich 2003 erneut die Selbstständigkeit in Tutzing am Starnberger See in Angriff nahm. Die Jolly Roger Cooking Gang war geboren. Gemeinsam mit der Gang bietet er neben klassischem auch komplett schräges und abgefahrenes Catering an. Seine Bekanntheit im kompletten deutschsprachigen Raum verdankt er vor allem seinen Auftritten als Fernsehkoch: Bei „Die Kochprofis – Einsatz am Herd" auf RTL2 schwang er gemeinsam mit Ralf Zacherl, Mario Kotaska und Martin Baudrexel die Kochlöffel. 2009 war er Teil der Jury in der Castingshow „Restaurant sucht Chef". Bei Kabel 1 griff er mit Frank Buchholz in „Kochen mit Knall" zu ungewöhnlichen Mitteln in der Küche. Zudem ist Marquard regelmäßig als Juror in den Sendungen „Die Küchenschlacht" und „Lanz kocht" im ZDF zu sehen. Zur Ruhe kommt der Tausendsassa selten: Vier- bis sechsmal pro Woche fliegt er aktuell zu Kochshows, Motivationstrainings und Auftritten vor kochenden Schülern.

Experimentelles Kochen auf Sterne-Niveau. So nennt der König des Crossover-Kochens seinen ganz persönlichen Kochstil. Auch wenn er sich äußerst ungerne in irgendwelche Grenzen oder Normen zwängen lässt.

„KREATIVITÄT UND DAS ESSEN IN SZENE SETZEN, SIND DAS WESENTLICHE."

Monate lang im Dschungel von Laos, Kambodia + Thailand

Das Wildeste, was du jemals gemacht hast?

EIN LEBEN WIE EIN ROCKSTAR

„Die Toten Hosen", „Suicidal Tendencies" oder „Motörhead": Dort, wo Stefan Marquard werkelt, gibt es genau das auf die Ohren, was sich ein Heavy-Metal-Fan wünscht. In der Küche wird gerockt. Aber nicht nur dort, denn auch privat würgt Stefan gerne die Gitarre. Jedenfalls so lange, wie es die lautstärkeerprobten Ohren seiner verständnisvollen Familie aushalten. Und die sind aufgrund des doch eher deftigen Musikgeschmacks des Herrn Papa wirklich einiges gewohnt.

Als Vater der JUNGEN WILDEN war er einer der Köpfe jener Bewegung, die der bisweilen etwas angestaubten Gourmetküche den Stinkefinger zeigte und frischen Wind in die mitunter ein wenig saturierte ehrenwerte Gesellschaft brachte: „Ich bin auch ‚Tote Hosen'-Fan der ersten Stunde und war sogar einmal ein halbes Jahr lang auf jedem Konzert, bin denen 1987/88 überallhin hinterhergefahren." Im Laufe der Jahre hat sich zwischen den „Hosen" und Marquard sogar eine regelrechte Freundschaft entwickelt, die darin gipfelte, dass „Die Toten Hosen" auch auf seiner Hochzeit spielten: „Da waren 600 Gäste eingeladen und es ging richtig die Post ab", schwärmt der Hardrocker vom schönsten Tag seines Lebens. Zu Hause ist und war Stefan jedoch stets liebevoller Vater zweier Söhne und führt nach wie vor eine glückliche Ehe mit seiner Christine. Sofern es die Zeit zulässt, denn bei einem umtriebigen Kerl wie Stefan Marquard ist Freizeit natürlich ein wenig verwendetes Wort. Seine kostbaren freien Tage verbringt er logischerweise bevorzugt im Kreise seiner Lieben oder bewirtet mit großer Leidenschaft Freunde und Verwandtschaft.

Wie es sich für einen weltoffenen Kulinarik-Revoluzzer gehört, ist der Blick über den Tellerrand der eigenen Landesgrenzen ein essenzieller Teil seines Jobs. Aber auch privat zählt der Küchenrocker zur reiselustigen Spezies: Als jugendlicher Neo-Foodie war er mit seinem Rucksack überall dort in der Welt unterwegs, wo noch kein großer Tourismus herrschte. Spannende Destinationen wie Vietnam oder Kambodscha standen auf dem abenteuerlustigen Reiseprogramm. Heutzutage ist vor allem Familienurlaub angesagt, wie etwa im Vorjahr mit einem neun Meter langen Wohnmobil quer durch Frankreich. Es scheint, dass auch der Wildeste unter den ewig Junggebliebenen langsam zur Ruhe kommt.

1964
20. Juni

ist:
geil auf Kutteln

liebt:
Death Metal

hasst:
Tomaten

bestens zu finden unter:
www.stefanmarquard.de

LASAGNE VOM BISON
UND GEMÜSE AUF STUDENTENFUTTER-JOGHURT

BISONRÜCKEN

500 g	Bisonrücken
1	Limone
8 cl	Olivenöl
	Salz, Pfeffer

STUDENTENFUTTER-JOGHURT

200 g	Joghurt
1	Limone
½	Chilischote
	Borretschöl von Dr. Budwig
	Energiemix von Dr. Budwig
	Salz, Pfeffer, Stevia

GEMÜSE

400 g	Gemüse (Paprika rot/gelb, Zucchini, Karotten, Zuckerschoten, Erbsensprossen)
1 Bd.	Rucola
100 g	Kürbiskerne
	Schnittlauch
	Kerbel, Salz, Pfeffer, Stevia

BISONRÜCKEN

Den Bisonrücken in circa 3 Millimeter dicke Scheiben schneiden, salzen, pfeffern und mit Olivenöl sowie Limonensaft marinieren.

STUDENTENFUTTER-JOGHURT

Den Joghurt mit Salz, Pfeffer, Stevia, Chili und Limonensaft abschmecken. Borretschöl und Energiemix beimengen.

GEMÜSE

Das Gemüse mit Salz, Pfeffer, Kerbel und Stevia würzen und zugedeckt im eigenen Saft etwa eine Minute garen.

ANRICHTEN

Anschließend mit Kürbiskernen, Rucola und Schnittlauch marinieren. Joghurt auf den Teller geben und dann aus den Bisonscheiben sowie dem Gemüse eine Lasagne schichten. Zum Schluss die restlichen Kürbiskerne darüberstreuen.

ZUBEREITUNGSZEIT: 15 Minuten | **SCHWIERIGKEITSGRAD:** Leicht

GEPIERCTER KOKOS-BUTTERLACHS
AUF RAHMSPARGEL UND SPARGEL-NAM-JIM-SAUCE

KOKOS-BUTTERLACHS

je 2	Spargel, grün und weiß
400 g	Lachsfilet, ohne Haut
100 g	Kokosflocken
100 g	Panko
100 g	Butter
50 g	Koriandersamen
	Salz, Pfeffer, Zucker

SPARGEL-NAM-JIM-SAUCE

6	Spargel, geschält
1 Bd.	Koriander
½	Chilischote
40 g	Ingwer
2	Limonen
50 g	Palmzucker
2	Tropfen Squidsauce
½	Knoblauchzehe
1 TL	Zucker
	Salz

RAHMSPARGEL

12	Spargel, weiß
1 EL	Schnittlauch
100 g	Crème fraîche
	Butter
	Salz, Pfeffer, Zucker

KOKOS-BUTTERLACHS

Den grünen und weißen Spargel schälen. Je einen Spargel der Länge nach vierteln und für das Piercen einfrieren. Die Lachstranchen mit Salz, Pfeffer, Zucker und Koriandersamen würzen, dann die Tranchen mit dem angefrorenen Spargel grün-weiß piercen. Butter, Kokosflocken sowie Panko in einer Pfanne goldgelb braten, dann die knusprige Kokosbutter über die gepiercten Lachstranchen geben und im Ofen schwebend bei 70 °C etwa 8 bis 10 Minuten garen.

SPARGEL-NAM-JIM-SAUCE

Den gesamten Spargel mit einem Sparschäler in Streifen schneiden. Spargelschalen in kaltes Zuckerwasser legen, damit sich die Schalen kringeln. Alle Zutaten wie Korianderblätter, Knoblauch, Squid, Limonenabrieb und -fleisch, Ingwer, Palmzucker, Chili und etwas Salz in den Mörser geben und mörsern. Anschließend den Spargel darin marinieren.

RAHMSPARGEL

Den Spargel schälen und schräg in Stücke schneiden. Mit Salz, Pfeffer und Zucker würzen, etwas Butter dazugeben und zugedeckt in einem Topf etwa 5 Minuten bei mittlerer Hitze garen. Die Crème fraîche darunterrühren und den geschnittenen Schnittlauch dazugeben.

ZUBEREITUNGSZEIT: 25 Minuten | **SCHWIERIGKEITSGRAD:** Mittel

BRIKETT VOM SAUREN SEETEUFEL
MIT ZWEIERLEI VOM GEKOCHTEN OCHSEN

GEWÜRZSUD

100 ml	Aceto Balsamico bianco
800 g	Wurzelgemüse, klein geschnitten
4 Bl.	Gelatine
500 ml	Wasser
1	Gewürzsäckchen aus Muskatblüte, Wacholderbeere, Senfkörnern, Nelken, Lorbeer
	Salz, Pfeffer, Zucker

SEETEUFEL

4	Seeteufelfilets à 80 g
100 ml	Sepiatinte
500 g	Tempuramehl, Wasser

VINAIGRETTE

300 ml	Ochsensud, fertig gekocht
100 g	Kartoffeln, mehlig kochend
1 EL	Pflanzenöl
6 EL	Aceto Balsamico
1 TL	Senf, scharf

LUTSCHER & OCHS GEBRATEN

1	Ochsenbrust, fertig gekocht
1 Bd.	Schnittlauch
2 EL	Meerrettich, gerieben
1	Handvoll Cornflakes
12	Schaschlikspieße
500 ml	Pflanzenöl zum Frittieren
1	rote Zwiebel, geschnitten
je 2	Zweige Thymian und Rosmarin
1	Knoblauchzehe
je 1 EL	Blattkräuter: gehackter Dill, Estragon, Schnittlauch und Blattpetersilie
	Salz, Pfeffer, Zucker

GEWÜRZSUD

Aus Essig, Wasser und Gewürzsäckchen einen kräftigen Sud herstellen. Das Wurzelgemüse mit Salz, Pfeffer und Zucker würzen, anschließend im Sud knackig kochen. Den Sud abpassieren und auf 250 Milliliter einkochen. In einen Sahnebläser füllen, 4 Blatt eingeweichte Gelatine dazugeben. Mit 2 Patronen versehen und kalt stellen.

SEETEUFEL

Die Seeteufelmedaillons salzen, pfeffern und etwa 2 bis 3 Minuten im noch nicht abpassierten Gewürzsud pochieren. Herausnehmen und erkalten lassen. Aus der Sepiatinte, dem Tempuramehl und Wasser einen zähflüssigen Teig herstellen, die Würfel in die Flüssigkeit tauchen und in 180° C heißem Pflanzenöl circa 2½ bis 3 Minuten backen. Herausnehmen und auf Krepppapier im 100 °C heißen Ofen zwischenlagern.

VINAIGRETTE

In 300 Milliliter Ochsensud die Kartoffeln weichkochen. Daraus mit Salz, Pfeffer, Zucker, einem Esslöffel Pflanzenöl, sechs Esslöffel Aceto Balsamico und einem Teelöffel Senf eine gebundene Vinaigrette herstellen.

OCHSENLUTSCHER & OCHS GEBRATEN

Einen Teil des Rindfleischs in daumendicke Stücke schneiden, auf Schaschlikspieße stecken und im restlichen Fond warm halten. Den Schnittlauch schneiden und im Verhältnis eins zu eins mit geriebenem Meerrettich vermischen. Die Cornflakes zerdrücken und die Ochsenlutscher in die gebundene Vinaigrette tauchen. Danach mit einer Seite in die Schnittlauch-Meerrettich-Mischung und mit der anderen Seite in die Cornflakes tauchen. Das restliche Fleisch klein schneiden und mit Rosmarin, Thymian und angeschlagenem Knoblauch in Pflanzenöl goldgelb anbraten. Anschließend die rote Zwiebel dazugeben. Nun die geschnittenen Blattkräuter in die restliche Vinaigrette geben und das Rindfleisch damit marinieren. Ein Yin und Yang aus gebratenem Ochsenfleischsalat und Wurzelgemüse anrichten. In die Mitte eine Rosette von saurem Espuma und drumherum das Brikett vom Seeteufel und die Ochsenlutscher drapieren.

ZUBEREITUNGSZEIT: 40 Minuten | **SCHWIERIGKEITSGRAD:** Mittel

F&B KABINETT

NORMAL KANN JEDER. UND WEIL DIE JUNGEN WILDEN JA KEINER NORM ENTSPRECHEN, GIBT ES AN DIESER STELLE UNGEWÖHNLICHES FÜR DEN GAUMEN. FREIWILLIGE VOR!

PERCEBES

SCHMECKEN WESENTLICH BESSER, ALS SIE AUSSEHEN, SIND EIGENTLICH KREBSE AUS GALIZIEN UND SÜNDHAFT TEUER – VOR ALLEM DIE SONNENGEREIFTEN. NUR EINMAL IM SALZ-RIBEIRO-LORBEER-WASSER AUFKOCHEN UND FERTIG IST DAS AN HUMMER ERINNERNDE FLEISCH.

SEEIGEL

LOVE IT OR LEAVE IT: SEEIGEL IST NICHT FÜR JEDERMANN. GEGESSEN WERDEN DIE GESCHLECHTSORGANE, DIE EINEN SALZIGEN, SEHR INTENSIVEN FISCHGESCHMACK HABEN. ROH MIT ETWAS ZITRONE WIE EINE AUSTER SCHLÜRFEN ODER BEI 58 °C SOUS-VIDE-GAREN.

BIBER

SEIN PLATTER SCHWANZ IST DAS BESTE AM BIBER. ER SOLLTE EINEN TAG MARINIERT UND ANSCHLIESSEND IN ESSIG GEKOCHT WERDEN. DER GEKOCHTE SCHWANZ KANN DANN ENTWEDER PUR GEGESSEN ODER PANIERT WERDEN. WAR SCHON MOZARTS LIEBLINGSSPEISE!

KLAPPERSCHLANGE

SCHMECKT WIE HÜHNCHEN, WIE ANGEBLICH ALLES, WAS WIR EUROPÄER NICHT KENNEN. IST ABER DEUTLICH FESTER, DA DIE MUSKELN PERMANENT BEWEGT WERDEN. SCHMECKT AM BESTEN IN BBQ-SAUCE MARINIERT.

MICHAEL NÄHRER

← Junger Wilder 2006 & hochexplosiv

SEIN UNTRÜGSAMER ABSCHMECK-SINN IST LEGENDÄR. SEIN WERDEGANG BEEINDRU-CKEND. UND SEINE GERICHTE SO GROSSARTIG, DASS GENUSSFREUDIGE VON WEIT HER IN EINE 133-SEELEN-GEMEINDE PILGERN, UM SEIN TALENT AUCH LIVE AM GAUMEN ZU ERLEBEN.

DER HEIMKEHRER

Der gebürtige Niederösterreicher gibt in jeder Lebenslage Vollgas. Sei es, wenn er mit dem Snowboard die Berghänge in Österreich hinunterjagt oder beim Kochen. „Ich reize meine Küche bis zum Letzten aus", tönte der damals erst 24-jährige Nährer beim Grande Finale der JUNGEN WILDEN 2006. Und auch wenn sein spektakulärer Sieg nun schon einige Jahre zurückliegt, am Leitspruch des talentierten Aromen-Jongleurs hat sich nichts geändert. Denn seine Gerichte verursachen nach wie vor kulinarische Grenzerfahrungen – im positivsten Sinn. Das liegt unter anderem daran, dass dem leidenschaftlichen Koch ein nahezu unheimliches Händchen im Abschmecken nachgesagt wird. Komplettiert hat Michael Nährer dieses mit einer Ausbildung zum Diplom-Pâtissier sowie Seminaren an der Weinakademie in Rust. Denn „hervorragendes Essen braucht immer auch einen passenden Wein".

Zu dieser ohnehin bereits attraktiven Mischung gesellt sich ein reicher Schatz an Erfahrung. Im Restaurant Taubenkobel von Walter Eselböck hatte Gourmet-Whiz-Kid Nährer seinen ersten Kontakt mit der Haute Cuisine und sog in einem Jahr so viel Praxis auf wie andere während der gesamten Lehrzeit. Bei Kochlegende Marc Veyrat in Frankreich lotete Nährer seine Grenzen nochmals aus. Dort hieß es um fünf Uhr früh regelmäßig antreten im Betrieb. Um sechs Uhr sammelte er dann bereits auf 2000 Meter Seehöhe Kräuter. Die Basis für Veyrats Geschmacksexplosionen. Zum Sous-Chef wurde er schließlich unter Thomas Dorfer, Gault-Millau-Koch des Jahres 2009, im Landhaus Bacher. Bis er im Mai 2007 letztendlich dem Ruf der Heimat nachgab und hinter den Herd des elterlichen Gasthauses zurückkehrte.

Selbiges liegt in einem kleinen Dorf in der Gemeinde Kapelln. Die Fakten dazu: 133 Einwohner, eine Aussichtswarte am Halterberg und ein Wirtshaus. Das Gasthaus Nährer, in dem der JUNGE WILDE 2006 das Unmögliche schafft. Denn hier prallen zwei Welten aufeinander. Zum einen die Dorfgesellschaft, die am Sonntag zum Schweinebraten vorbeischaut. Zum anderen diejenigen, die wegen Michael Nährers legendären Gerichten von weit her anreisen. Wer hier jetzt aber ein vorprogrammiertes kulinarisches Chaos und einen schlecht positionierten Tanz zwischen den Stühlen erwartet, liegt vollkommen falsch. Denn Michael Nährer wäre kein JUNGER WILDER, wenn er diese zugegeben etwas knifflige Aufgabenstellung nicht mit Bravour und genialer Kochkunst meistern würde.

---BUTTER--------------------------------

Auf diese Zutat könntest du niemals verzichten.

NATURBURSCHE MIT HUMOR

Michael Nährers erster Gedanke nach dem Aufwachen: „Weiterschlafen." Sehr sympathisch. Wer jetzt aber daraus einschlägige Schlüsse zieht, liegt mit Garantie voll daneben. Und schließlich muss jemand, der leidenschaftlich gerne Vollgas gibt, ja auch ausgeschlafen sein. Oder etwa nicht? Sonst würde sich das Pensum, das der Ausnahmekoch im elterlichen Betrieb absolviert, sowieso niemals ausgehen. Abgesehen einmal von dem Spagat zwischen traditioneller Wirtshausküche und raffinierter Haute Cuisine, für den ihn seine Gäste lieben und seine Kollegen bewundern. Hat der Hobby-Fußballer dann doch einmal eine Auszeit vom Spagatmachen, dann vertritt er sich die Beine am liebsten in der Natur bei einem Ausflug mit Freunden. Oder beim Fischen. Denn auf seinem Boot, während er die Angelleine beobachtet, wie sie im Wasser verschwindet, kann der Niederösterreicher am besten abschalten. „Die Fische beißen auch leichter an, wenn man entspannt ist." Einmal war der Naturbursche sogar derart relaxed, dass er sich und seine Freunde allesamt mit selbst gefangenem Fisch versorgte. Und das in Norwegen. Wenn man also mit Michael Nährer auf Urlaub fährt, kann man sich ob der kulinarischen Versorgung schon einmal beruhigt zurücklehnen. Bevorzugt sollte man dann aber auch gerne in Länder mit hohem Grün-Anteil reisen. „Meine Traumurlaubsdestinationen sind Neuseeland, Norwegen und auch Österreich. Die Natur ist einfach unglaublich." Und auch wenn der bodenständige Familienmensch die Ländersprache nicht beherrschen sollte, hält ihn das bestimmt nicht auf. „Schließlich habe ich auch ein Jahr lang in einem 3-Sterne-Restaurant in Frankreich gearbeitet, ohne ein Wort Französisch zu sprechen." Dort hat er sich einfach auf das konzentriert, wofür er dort war: das Kochen. Und Nährers Humor ist sowieso international. Ebenso wie sein Charme. Doch den lässt er nur für seine große Liebe, seine Frau Karin, spielen. Der große gemeinsame Traum: ein Domizil für die gesamte Familie. Bei Nährers ist also alles auf Schiene. Nicht mehr ganz so wild, aber „JUNGER WILDER zu sein, bedeutet ja auch nicht zwingend, durchgeknallt zu sein, sondern seinen eigenen Stil und Charakter unter Beweis zu stellen". Und das tut Michael Nährer jeden Tag aufs Neue im bestschmeckenden Geheimtipp Niederösterreichs.

1982

3. Jänner

ist:
ein braves Kind gewesen

liebt:
die Natur

hasst:
Fugu

dahoam is dahoam:
www.gasthaus-naehrer.com

TATAR VOM SPARGEL
MIT LIMETTEN UND ERBSENSCHOTEN

SPARGELTATAR

8	Spargel, weiß
8	Spargel, grün
100 g	Erbsenschoten
100 ml	Sushiessig
1 TL	Xanthan
1 EL	Sonnenblumenöl
	Salz, Zucker

JOGHURTCREME

4 EL	Joghurt (10 % Fettgehalt)
1 EL	Honig
2	Limetten, Zesten
1 TL	Tabasco, grün

CHIPS

½	Baguette
	Sonnenblumenöl

KRÄUTER

Schnittlauch
Vogelmiere
Schafgarbe
Salz, Zucker, Pfeffer aus der Mühle

SPARGELTATAR

Je 2 Stangen grünen und weißen Spargel dünn längs aufschneiden. Den restlichen weißen und grünen Spargel sowie die Erbsenschoten in kleine Würfel schneiden und in gesalzenem und gezuckertem Wasser blanchieren. Danach kurz abschrecken. Für die Marinade den Essig, das Sonnenblumenöl und Xanthan mixen.

JOGHURTCREME

Den Joghurt mit dem grünen Tabasco, dem Honig und den Limettenzesten verrühren.

CHIPS

Das Baguette in dünne Scheiben schneiden. Danach auf einem geölten Backblech bei 180 °C goldgelb toasten.

KRÄUTER

Vor dem Servieren die Spargel- und Erbsenschotenwürfel sowie die rohen Streifen marinieren und mit Salz, Pfeffer und Zucker abschmecken. Danach mit den Brotchips, den Kräutern und der Joghurtcreme anrichten.

ZUBEREITUNGSZEIT: 20 Minuten | **SCHWIERIGKEITSGRAD:** Leicht

LAUWARMER BANANENSPLIT
VON DER LACHSFORELLE

BANANEN

100 ml	Sahne
50 g	Pommery-Senf
50 ml	Honig
2	Bananen, reif, aber nicht weich

KARTOFFEL-VANILLE-ESPUMA

200 g	Kartoffeln, mehlig kochend
75 ml	Geflügelfond oder Rindssuppe
75 ml	Sahne
150 ml	Butter, flüssig
3 g	Agar-Agar
1	Vanilleschote
	Salz, Muskat

LACHSFORELLE

4	Lachsforellen-Filets, grätenfrei
2 EL	Butter
2 EL	Olivenöl
	Salz

ANRICHTEN

30 g	Mandeln, gehobelt und geröstet
50 g	Erdäpfelwürfel, frittiert
4 TL	Balsamico, süß

BANANEN

Die Sahne mit dem Pommery-Senf und dem Honig kurz aufkochen. Danach die geschälten und in Scheiben von etwa 15 Millimeter Stärke geschnittenen Bananen in die Senfsauce einlegen. Kurz mitkochen lassen. Danach die Pfanne vom Herd nehmen. Die Bananenstücke sollten nicht zu weich gegart werden.

KARTOFFEL-VANILLE-ESPUMA

Kartoffeln kochen und passieren. Den Geflügelfond mit Sahne, flüssiger Butter, Agar-Agar und Vanille aufkochen lassen. Dann die passierten Kartoffeln und die kochende Flüssigkeit mit einem Handmixer vermengen. Abschließend mit Salz und einer Prise Muskat abschmecken. Die heiße Masse durch ein feines Haarsieb streichen und noch heiß in eine iSi-Flasche füllen. Die Flasche verschließen und mit einer oder 2 Patronen füllen.

LACHSFORELLE

Olivenöl und Butter in einer Pfanne erhitzen. Sobald die Butter zu schäumen beginnt, die leicht gesalzenen Filets mit der Hautseite nach unten in die Pfanne einlegen und bei mittlerer Hitze glasig fertig garen.

ANRICHTEN

Die Lachsforelle aus der Pfanne nehmen, die Haut abziehen und in der Mitte des Tellers platzieren. Darauf den Espuma dressieren, die Bananenstücke seitlich anlehnen. Die Erdäpfelwürfel und die gerösteten Mandelblättchen darüberstreuen und mit dem Balsamico finalisieren.

ZUBEREITUNGSZEIT: 50 Minuten | **SCHWIERIGKEITSGRAD:** Mittel

FROZEN VODKA LEMON
MIT GRANATAPFEL

GRANITÉ

150 ml	Wodka
60 ml	Läuterzucker
300 ml	Lemon Water
1	Limette, Saft und Zeste
1 Bl.	Gelatine

APFELSCHAUM

400 ml	Apfelsaft, naturtrüb
1	Limette, Saft
2	Zuckerwürfel
4 Bl.	Gelatine
1	Granatapfel
1 Stk.	Peta Zeta (Knallbrause)

GRANITÉ

Etwa ein Viertel der Menge des Lemon Waters erwärmen und die Gelatine darin auflösen. Danach mit Wodka, Läuterzucker, Limettensaft, dem restlichen Lemon Water und den Zesten verrühren. Die gesamte Masse in einem flachen Gefäß bei –18 °C einfrieren. Die Flüssigkeit in 30-Minuten-Abständen mit einer Gabel aufrühren, bis man eine gleichmäßige Eiskörnung erhält.

APFELSCHAUM

100 Milliliter des Apfelsaftes mit dem Saft einer Limette erwärmen und die Gelatine sowie den Zucker darin auflösen. Die Flüssigkeit in eine iSi-Flasche füllen und eine Gaskapsel eindrehen. Mindestens 4 Stunden kalt stellen. Vor dem Servieren den Siphon gut schütteln. Den Espuma mit dem Granité, dem Peta Zeta und den Granatapfelkernen anrichten.

ZUBEREITUNGSZEIT: 10 Minuten | **SCHWIERIGKEITSGRAD:** Leicht

BERNIE RIEDER

*so verrückt dass er nur ein junger wilder sein kann

ER KOCHT GERNE OBEN OHNE, VERWANDELT JEDE KÜCHE IN EINEN CHAOTISCHEN KREATIV-HEXENKESSEL UND VERFÜGT ÜBER MEHR ENERGIE ALS SPEEDY GONZALES IM RED-BULL-RAUSCH: BERNIE RIEDER IST GOTTES VERRÜCKTESTER KULINARISCHER GENIESTREICH.

CRAZY BY NATURE

Bernie Rieder ist der fleischgewordene Beweis, wie eng Genie und Wahnsinn beieinanderliegen können. Das Genie in ihm kreiert Gerichte, die vor Kreativität nur so strotzen und dermaßen aufwendig komponiert werden, dass seine Köche regelmäßig dem Nervenzusammenbruch nahe sind. Der Wahnsinn ergreift vor allem dann von ihm Besitz, wenn seiner Gier nach Qualität und Extravaganz nicht schnell genug Genüge getan werden kann. „Ich kann ganz schön cholerisch werden, wenn das Rädchen nicht so gut oder so schnell läuft, wie ich mir das gerade einbilde", gesteht der gebürtige Burgenländer. „Aber ich bin halt ein Perfektionist, der wirklich für seinen Beruf brennt."

Das Feuer in ihm hat den wohl exzentrischsten Koch Österreichs weit gebracht. Mit einer ordentlichen Portion Talent, Selbstbewusstein und handwerklichem Geschick ausgestattet landete er schon mit 21 Jahren als Küchenchef im Restaurant Eselmühl im burgenländischen St. Margarethen. Von da an gab es eigentlich nur noch eine Richtung, und die führte nach oben. Ob er sich auch in den Küchen von Roland Trettl und Walter Eselböck im Ruderleibchen („Es ist halt immer so verdammt heiß in der Küche!") hinter den Herd gestellt hat, ist zwar nicht überliefert – sicher ist aber, dass er 2005 als Küchenchef des Restaurants Perkeo in Salzburg innerhalb eines Jahres zwei Hauben, 16 Gault-Millau-Punkte und einen Michelin-Stern erkochte. Aber weil einer wie Rieder den Begriff Rastlosigkeit für sich gepachtet hat, zog es ihn dann doch wieder in den Osten und nach Wien. Im Restaurant Turm tobte er sich drei Jahre aus, mit Schweißerbrille auf der Nase und Rotationsverdampfer unterm Arm. Die Feinschmecker-Elite huldigte ihm und tut es noch, was vor allem daran liegt, dass seine mutige, wilde und verspielte Küche eine klare, bodenständige Basis hat. Bernie Rieder und Bodenständigkeit schließen sich nämlich nur auf den ersten Blick gegenseitig aus. „Ich bin ein Landkind und das schlägt sich auch in meiner Küche nieder. Man darf nicht alles zwanghaft verdrehen. Ein Rinderfond ist ein Rinderfond ist ein Rinderfond!"

Und obwohl er der mittlerweile medial präsenteste Koch Österreichs und ein Societyparkett ohne ihn kaum vorstellbar ist, zeigt er keine Star-Allüren. „Ich bin Koch, kein Gott oder Retter. Jeder Arzt ist zehn Mal wichtiger, der rettet Leben. Ich versüße es den Menschen nur." Ein genialer Satz von einem Wahnsinnigen – und zwar einem sehr sympathischen.

„EIN KOCH IST BESTENFALLS EIN PRODUKT-DESIGNER, ABER SICHER KEIN GOTT IN WEISS."

Dass ich gelernt habe, mich zu entschuldigen.

Bernie Rieder über seine größte Leistung

BUCHTELN UND BOLSCHEWIKEN

Die beiden wichtigsten kulinarischen Einflussgrößen Bernie Rieders heißen Juzzi-Oma und Steffi-Oma. Erstere hat den nach Ketchupbrot süchtigen kleinen Bernie mit Buchteln und Grenadiermarsch auf den rechten Weg gebracht, zweitere hat ihm die Liebe zu regionalen Produkten eingeimpft. Und weil Bernie der Überzeugung ist, „dass eigentlich meine Großmütter die Hauben verdient hätten, nicht ich", hat er, sozusagen als kleines Dankeschön, mit ihnen 2011 gemeinsam das Oma.Koch.Buch geschrieben. Bei seinen Omas zu Hause ist der ehemalige Ministrant, Punk und Buchtelwettessen-Gewinner („Da bin ich gegen Leo Hillinger angetreten, er hat 25 geschafft, ich 27") Bernie Rieder jedenfalls ein zahmes Lamm. Auf den Teller kommt ihm dieses aufgrund eines kulinarischen Traumas aber nicht, ebenso wenig wie Strauß oder Grapefruit. Dass jenes Gericht, das er einst am Bahnhof in St. Pölten im Bahnhofsrestaurant serviert bekam, kein kulinarisches Trauma ausgelöst hat, ist allerdings bemerkenswert. „Ja, da habe ich ein Kalbsrieslingbeuschel mit Gulaschsaft und Cremespinat gegessen. Das war mit Abstand das schrägste Essen meines ganzen bisherigen Lebens", erzählt er. „Aber so schlecht war's dann auch wieder nicht."

Ziemlich gut findet der Mann, den ein Gast einst als rechtsradikalen Linksbolschewiken bezeichnete, „alles, was mit Holz oder Marika Rökk zu tun hat. Holzhacken, Holzschlichten und Holzeinheizen sind meine Hobbys, und Marika Rökk finde ich so genial, dass ich mir früher sogar selbst T-Shirts mit der Aufschrift ‚I love Marika Rökk' gemalt habe." Dass es ihm gerade eine Schauspielerin, Tänzerin und Sängerin wie Rökk angetan hat, hat vielleicht auch ein wenig mit seinem familiären Umfeld zu tun. Bernies Stiefmutter ist nämlich Opernsängerin, seine Schwester Ingrid Balletttänzerin. Die Liebe zum großen Auftritt scheint bei Rieders genetisch verankert zu sein.

Apropos Liebe: Da gibt es im Leben des wildesten aller JUNGEN WILDEN mittlerweile eine besonders große, und die hört auf den Namen Noah Tyler. „Im Normalfall koche ja ich die Leute ein, in dem Fall ist es aber umgekehrt. Ich gehe in der Paparolle voll auf." Wer weiß, vielleicht wird der Kleine ja die nächste kulinarische Einflussgröße Bernie Rieders.

1975
11. Jänner

war:
erst Punk, dann Mod

liebt:
große Brüste

hasst:
Lammfleisch

dort trifft Genie
auf Wahnsinn:
www.bernierieder.com

JAKOBSMUSCHEL MAL 2
MIT ZWIEBELPÜREE

JAKOBSMUSCHEL IN RADICCHIO

4	Jakobsmuscheln
2 Stk.	Radicchio
1 l	Rotwein
500 g	Zucker
1	Limette
2	Rote Beten, gekocht

JAKOBSMUSCHEL IN TEMPURA

4	Jakobsmuscheln
2	Fenchelknollen
	Tempurateig vom Asiashop

ROTE-BETE-DROPS

600 ml	Rote-Bete-Saft
100 g	Butter
200 g	Mehl
40 g	Parmesan
6	Eier, mittlere Größe
je 1 TL	Salz und Pfeffer
½ TL	Muskat

ZWIEBELPÜREE

5	Zwiebeln, groß
2	Lorbeerblätter
400 ml	Gemüsefond
2 cl	Weißweinessig
20 g	Reis
	Olivenöl, Salz, Pfeffer, Kümmel

ROTE-BETE-SCHNECKE

500 ml	Rote-Bete-Saft
1 TL	Agar-Agar
	Salz, Pfeffer, Kümmel

JAKOBSMUSCHEL IN RADICCHIO

Rotwein mit Zucker aufkochen. Radicchio vom Strunk befreien, die Blätter ablösen und eine halbe Stunde in warmem Wasser ziehen lassen. Blätter danach im Rotwein weich kochen und die Jakobsmuscheln damit einwickeln. Mit Salz, Pfeffer und Limettensaft würzen. Vor dem Anrichten die gekochte Rote Bete mit einer Wurstmaschine in dünne Scheiben schneiden und mit dem Zwiebelpüree wie Cannelloni füllen.

JAKOBSMUSCHEL IN TEMPURA

Fenchel mit einer Wurstmaschine dünn aufschneiden und die Jakobsmuscheln einzeln darin einwickeln. In Tempurateig wenden und in heißem Fett ausbacken.

ROTE-BETE-DROPS

Rote-Bete-Saft auf die Hälfte reduzieren und auskühlen lassen. Die restlichen Zutaten zu einem Teig vermengen und mithilfe einer Spritze in heißes Fett tropfen lassen. Drops mit einem Sieb abschöpfen.

ZWIEBELPÜREE

Zwiebeln schälen, grob schneiden und in Olivenöl angehen lassen. Lorbeerblätter und den Reis hinzufügen, mit Gemüsefond aufgießen und im Rohr etwa eineinhalb Stunden weich schmoren. Den Lorbeer entfernen, Weißweinessig beimengen und die Masse abschmecken und pürieren.

ROTE-BETE-SCHNECKE

Rote-Bete-Saft mit Salz, Pfeffer und Kümmel auf 250 Milliliter einreduzieren. Agar-Agar 2 Minuten auskochen, würzen und in einen lebensmittelechten Schlauch füllen. 4 Stunden stocken lassen und die Masse danach mit einer Pumpe herausdrücken. In kaltem Wasser abspülen und eindrehen.

ZUBEREITUNGSZEIT: 3 Stunden (ohne Ruhezeit) | **SCHWIERIGKEITSGRAD:** Mittel

SHORT RIBS
IN PORTWEIN MIT SCHMORGEMÜSE

SHORT RIBS

1		Short Rib
150 g		Bauchspeck
6		Knoblauchzehen
2		Zwiebeln
1		Sellerie
1		Karotte
1		Tomate
1		Petersilienwurzel
700 ml		Portwein, rot
500 ml		Blauburgunder
250 ml		Cognac
250 ml		Rindssuppe
1 EL		Honig
10		Pfefferkörner
2		Lorbeerblätter
5		Wacholderbeeren
1 Bd.		Thymian
3		Rosmarinzweige
		Salz, Pfeffer, Muskat
		Tomatenmark, Petersilie, Öl

KARFIOLPÜREE UND -CHIPS

2 Stk.		Karfiol
110 g		braune Butter
125 ml		Gemüsesuppe

GEFÜLLTE KARTOFFELN

120 g		Champignons
80 g		Zwiebeln, fein geschnitten
1		Knoblauchzehe, gepresst
1 EL		Petersilie
8		Kartoffeln, festkochend
		Ei, Mehl, Brösel

SHORT RIBS

Fleisch mit Weinen und Cognac 24 Stunden marinieren. Speck, Zwiebeln, Knoblauch, Petersilienwurzel, Karotten und Sellerie schälen und würfeln. Fleisch aus der Marinade heben und mit Salz und Pfeffer würzen. Marinade aufkochen lassen und den Schaum abschöpfen. Das Fleisch in einem großen Topf mit Öl gut anrösten. Herausnehmen, den Speck hinzufügen und mitrösten. Nach ein paar Minuten das Gemüse mitrösten, bis es Farbe angenommen hat. Tomatenmark hinzufügen und kurz weiterrösten. Danach mit einem Schöpfer von der Marinade aufgießen und einkochen. Wieder anrösten, nochmals aufgießen und einkochen. Die Tomate dazugeben und mit der restlichen Marinade ablöschen. Mit Rindssuppe auffüllen und alle Gewürze bis auf den Honig hinzugeben. Das Fleisch in den Topf geben, aufkochen lassen und bei geschlossenem Deckel im Rohr bei 160 °C etwa 2½ Stunden garen lassen. Aus dem Topf nehmen, die Sauce abseihen, erneut aufstellen und einkochen. Mit Honig, Salz, Pfeffer und Muskatnuss abschmecken und eventuell mit Maisstärke abziehen.

KARFIOLPÜREE UND -CHIPS

Vom Karfiol vier große Röschen lösen, diese halbieren und in hauchdünne Scheiben schneiden. Auf Backpapier im Rohr bei 60 °C trocknen lassen. Den restlichen Karfiol fein schneiden. Braune Butter in einem Topf erhitzen, Karfiol dazugeben und langsam und unter ständigem Rühren rösten, bis er eine gleichmäßige braune Farbe hat. Mit Gemüsesuppe aufgießen und die Flüssigkeit einkochen lassen. Danach pürieren und mit Salz, Pfeffer und Muskatnuss abschmecken.

GEFÜLLTE KARTOFFELN

Kartoffeln mit der Schale kochen, schälen und auskühlen lassen. Der Länge nach halbieren und die Hälften mit einem kleinen Löffel aushöhlen. Zwiebeln und Champignons mit Knoblauch in einer Pfanne kurz durchrösten, zum Schluss die Petersilie beimengen. Kartoffelhälften mit der Masse füllen, den Rand mit Eigelb einschmieren und die Hälften zusammenkleben. Kurz im Kühlschrank rasten lassen. Kartoffeln in Ei, Mehl und Brösel panieren und in heißem Fett herausbacken.

ZUBEREITUNGSZEIT: 4 Stunden (ohne Ruhezeit) | **SCHWIERIGKEITSGRAD:** Mittel

RÄUCHERAALTORTE

RÄUCHERAALMOUSSE

1	Räucheraal
1 l	Fischfond
1	Zwiebel
2	Knoblauchzehen
125 ml	Cognac
3 Bl.	Gelatine
4 Stk.	Pumpernickel
	Sepiatinte, Olivenöl
	Salz, Pfeffer, Muskatnuss
	Kümmel, gemahlen

SAUERRAHMGELEE

250 g	Sauerrahm
3 Bl.	Gelatine
	Kren, Salz, Pfeffer

ROTE-BETE-GELEE

500 ml	Rote-Bete-Saft
4 Bl.	Gelatine
	Salz, Pfeffer
	Kümmel, gemahlen

RÄUCHERAALMOUSSE

Pumpernickel mit einem Eisenring zu 4 gleich großen eckigen Formen ausstechen. Die Zwiebel und Knoblauch hacken und in Olivenöl anschwitzen. Den Aal kurz mitrösten, mit Cognac ablöschen und mit Fischfond aufgießen. Die Masse auf die Hälfte reduzieren lassen, würzen, pürieren und durch ein Sieb streichen. Den noch warmen Fond mit der eingeweichten Gelatine binden, mit Sepiatinte einfärben und nochmals abschmecken. Wenn die Masse zu stocken beginnt, in die Eisenringe füllen.

SAUERRAHMGELEE

Sauerrahm mit Salz und Pfeffer abschmecken. Die aufgelöste Gelatine einrühren und mit etwas Kren abschmecken. Die Masse auf das Aalgelee gießen und gleichmäßig verstreichen.

ROTE-BETE-GELEE

Rote-Bete-Saft aufkochen und auf die Hälfte reduzieren lassen. Würzen und mit der eingeweichten Gelatine binden. Wenn die Masse zu stocken beginnt, auf das Sauerrahmgelee gießen und glatt streichen. Die Torte über Nacht im Kühlschrank durchziehen lassen.

ZUBEREITUNGSZEIT: 2 Stunden (ohne Ruhezeit) | **SCHWIERIGKEITSGRAD:** Leicht

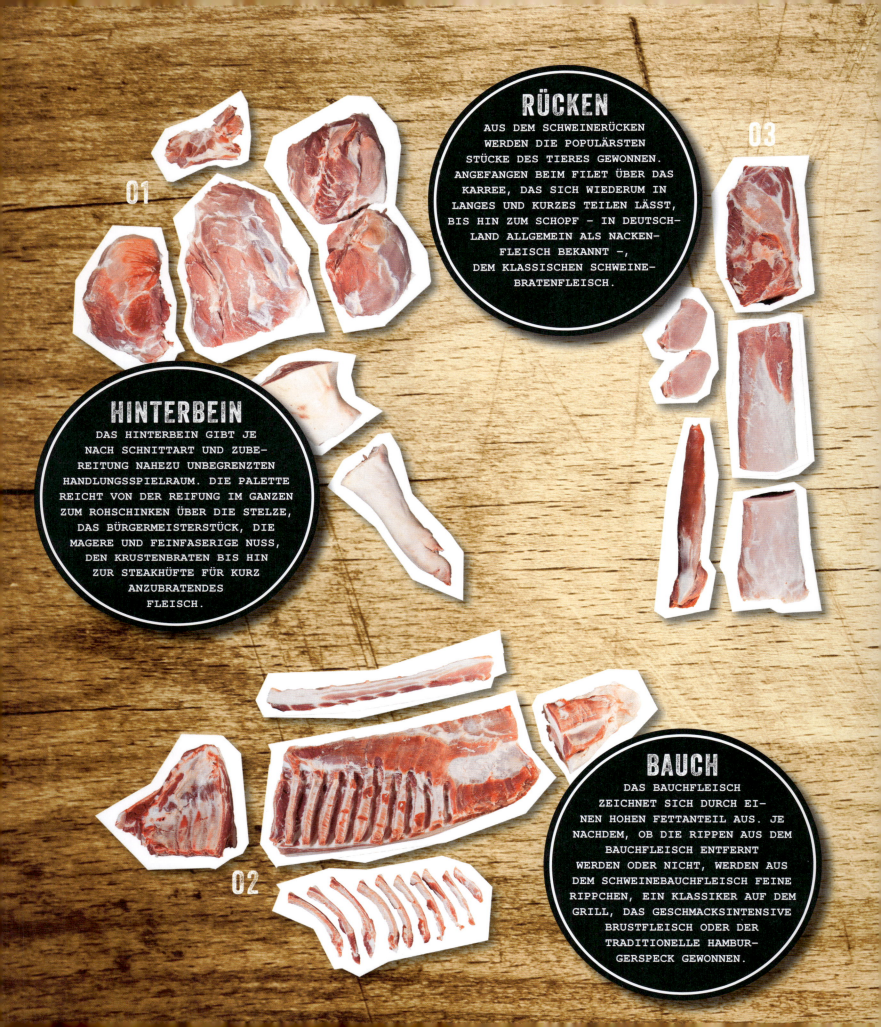

F&B SCHWEIN

EINE KLEINE SCHWEINEREI IST WAS FEINES, EINE GROSSE ABER AUCH. WER SICH AN EINE GANZE SAU WAGT, BRAUCHT MUCKIS, EIN GUTES MESSER UND EINEN PLAN. LETZTEREN LIEFERN WIR HIERMIT AN!

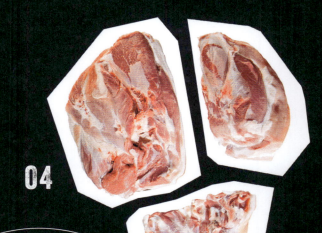

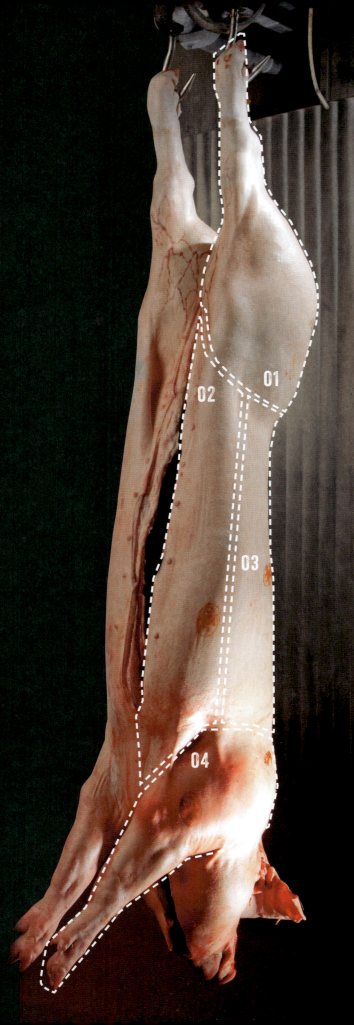

VORDERBEIN

DAS VORDERBEIN IST GROBFASERIGER ALS DAS FLEISCH DES HINTERBEINS. UM EINE ZARTE KONSISTENZ ZU ERREICHEN, BENÖTIGT DAS FLEISCH LANGE SCHMORZEITEN ODER DEN EINSATZ DER SOUS-VIDE-TECHNIK. AUS DEM VORDERBEIN WERDEN DER SCHULTERBRATEN UND DIE DÜNNE SCHULTER SOWIE DAS EISBEIN GEWONNEN. DIE VORDER- UND HINTERFÜSSE EIGNEN SICH HERVORRAGEND ZUM ANSETZEN VON SAUCEN UND SUPPEN.

OLIVER SCHEIBLAUER

← first official Junger Wilder 2005!

ER IST JUNGER WILDER DER ERSTEN STUNDE. HEUTE IST DER SENKRECHT-STARTER NEBEN JUNG UND WILD AUCH VORBILD FÜR ALLE, DIE SELBST KULINARISCH VOLLGAS GEBEN WOLLEN. DENN OLIVER SCHEIBLAUER ZEIGT SEIT JAHREN VOR, WIE ES RICHTIG GEHT.

DER ERSTE IM BUNDE

Wir schreiben das Jahr 2005. Der gebürtige Wiener Oliver Scheiblauer macht das Rennen bei einem zum allerersten Mal stattfindenden Kochwettbewerb für aufstrebende Kreativköche, den JUNGEN WILDEN. Die Stimmung brodelt, Veranstalter, Jury und Teilnehmer laufen nervös von einem Ende der Küche zum anderen. Darunter Fernsehteams, Kamera- und Mikrofonkabel, die sich über den Boden des Gourmetrestaurants Hanner in Mayerling ziehen, in dem das Event über die Bühne geht. Pfannen zischen, Töpfe klappern. Dann schickt Oliver Scheiblauer seinen Anwärter auf den Sieg ins Rennen: „Gegrilltes Lamm auf Melonen-Pilzragout mit Krenschaum, einem Ei im Ei und einer Crème brulée vom Hondashi-Tofu". Die Jury ist sich einig: „Der Mutigste war der Erfolgreichste. Oliver Scheiblauer hat den Sieg mehr als verdient."

Die Freude ist riesig. Endlich bekommt der glückliche Gewinner Gelegenheit, sein Können an der Seite seines Kochidols Ferran Adrià unter Beweis zu stellen. Denn der Hauptpreis für den JUNGEN WILDEN 2005 ist einer der heiß begehrten Praktikumsplätze im Restaurant el-Bulli in Spanien. Damit liest sich der Lebenslauf des Goldjungen endgültig wie eine Anleitung zum Erfolg. Denn der smarte Catering-Profi wagte nach seiner Lehre im 5-Sterne-Hotel de France in Wien und weiteren Stationen in internationalen Top-Betrieben mit erst 24 Jahren den Schritt in die Selbstständigkeit. Er gründete gemeinsam mit Alexander und Stefan Eichinger das Unternehmen Adventure Catering in Wien. Dieses zählt heute nach wie vor zu den gefragtesten High-End-Ausstattern Österreichs für Events aller Art. Ganz nebenbei bekam der zielstrebige Senkrechtstarter es 2004 mit geschätzten 1000 weiteren goldigen Typen zu tun. Nämlich bei der 74. Oscar-Verleihung, bei der er an der Seite von Kochlegende Wolfgang Puck die Crème de la Crème des Filmbusiness bekochte.

Weitere Projekte ließen beim sympathischen Tausendsassa nicht lange auf sich warten: regelmäßige TV-Auftritte, monatliche Chef's Tables, die exklusive Einblicke hinter die Kulissen von Adventure Catering geben. Gekocht wird dabei mit seltenen regionalen Produkten, wie dem steirischen Sulmtaler Huhn. Und als kulinarischer Berater ist er auch noch tätig. Also ganz nach der ungeschriebenen Regel: Bis zum Alter von 35 ist man JUNGER WILDER, danach JUNGER WILDER mit Vorbildfunktion. Kurz: Es hätte keinen besseren Allerersten im Bunde treffen können als Oliver Scheiblauer.

JA, EIGENKOMPOSITIONEN, DIE NIEMAND VERSTEHT. DANN HALTEN MICH ALLE FÜR DEPPERT.

Singst du beim Kochen?

SYMPATHISCHER LINKER HAKEN

Lebenslustig, verlässlich und ein absoluter Profi auf seinem Gebiet, diese Eigenschaften stellt der zielstrebige Senkrechtstarter nun auch schon seit über 15 Jahren in seinem eigenen Unternehmen Adventure Catering unter Beweis. Aber der smarte Catering-Profi könnte theoretisch auch ganz anders. Denn sein linker Haken ist gefürchtet – zumindest im Boxclub, in dem er gerne vom Alltag abschaltet. „Beim Boxen kommt man ganz runter, weil man bei dieser Tätigkeit gar keine Zeit für andere Sachen im Kopf hat."

Ansonsten haut Oliver Scheiblauer auch gerne auf seinem Schlagzeug kräftig auf die Drums oder tritt bei Erkundungstouren rund um Wien in die Pedale seines Bikes. Neben Kochen, seinem allergrößten Hobby, das er zum Beruf gemacht hat, zählt auch Essen zu den Dingen, denen der sportliche Meister-Caterer gerne nachgeht. „Jeder, der gerne kocht, isst auch gerne." Am allerliebsten tut Oliver Scheiblauer dies auf kulinarischen Bildungsreisen rund um den Globus. So hat er sich bereits durch die USA und Thailand geschlemmt. Das nächste Ziel ist Vietnam. Wichtig ist dabei immer, dass es in der spärlichen freien Zeit, im Urlaub auf jeden Fall in die wärmeren Gefilde geht, denn Kälte mag der Mann gar nicht. „Am allerliebsten laufe ich den ganzen Urlaub nur mit Badeshort und Sonnenbrille herum." Wie es sich ja eigentlich auch gehört für einen waschechten jungen, wilden Sonnyboy. Allerhöchstens für seinen (noch) unerfüllten Reisetraum, einen Überlebensurlaub, würde der Sonnenanbeter auch etwas Kälte in Kauf nehmen. Bei aller Action, die Oliver Scheiblauer in seinem Berufsleben und auch privat gerne und gut meistert, ist doch eine Konstante in seinem Leben die allerwichtigste Stütze für den Sympathieträger. Nämlich seine beiden Buben, die schon im Kindesalter in der Küche kräftig mitmischen. Schließlich liegt es ihnen auch im Blut. Da wird dann zu Klängen von „Depeche Mode", „Slipknot" und vor allem den „Pixies" kräftig abgerockt und so richtig einer draufgemacht. Denn in seiner Kindheit war der JUNGE WILDE sowieso viel zu brav, wie der Küchen-Boxer selbst meint. Eine Jugendsünde, die jetzt natürlich ausgebessert werden will. Schließlich ist Oliver Scheiblauer ja JUNGER WILDER und kein alter Langweiler.

28. September

ist:
Hobby-Boxer

liebt:
Urlaube im Warmen

hasst:
lieblos zubereitetes Essen

abenteuerlich zu
buchen unter:
www.catering.at

GRÜSSE AUS DEM „STEIRISCHEN MEER"
SANTO-STEFANO-LINSEN & BALSAMICO, 9-JÄHRIG

STEIRISCHER WELS

400 g	steirischer Wels, wild gefangen
300 g	Mangalitza-Schweineschmalz
	Thymian
	Lorbeer
	Korianderkörner
	Zwiebelflocken
	Knoblauch, getrocknet
	Salz, Pfeffer

SANTO-STEFANO-LINSEN

150 g	Santo-Stefano-Linsen, vorgekocht
20 g	Schalotten, fein geschnitten
10 ml	Olivenöl
40 ml	Kalbsvelouté
10 ml	Balsamico, 9-jährig
50 ml	Portweinnage, weiß
5 g	Kräuterauswahl, frisch

ANRICHTEN

40 ml	Kalbsjus, kräftig
30 g	Senfkaviar

STEIRISCHER WELS

Das Schweineschmalz mit sämtlichen Gewürzen auf 60 °C erhitzen. Danach 3 Stunden ziehen lassen und fein passieren.

In der Zwischenzeit den Wels putzen und filetieren, in das Fett legen und bei 55 °C in etwa 20 Minuten confieren.

Nach dem Confieren den Fisch herausnehmen, trocken tupfen und in einer heißen Pfanne kurz von beiden Seiten knusprig anbraten.

SANTO-STEFANO-LINSEN

Die Schalotten in Olivenöl anschwitzen, danach die Linsen beigeben und einmal durchsautieren. Die Kalbsvelouté hinzufügen, einmal aufkochen lassen und die frischen Kräuter nach Belieben dazumengen. Mit dem Balsamico abschmecken.

ANRICHTEN

Die Santo-Stefano-Linsen in halbtiefen Tellern verteilen, den Fisch daraufsetzen und den Kalbsjus darübergießen. Den Senfkaviar auf dem Wels anrichten und mit der Portweinnage verfeinern.

ZUBEREITUNGSZEIT: 1½ Stunden | **SCHWIERIGKEITSGRAD:** Leicht

BIG BEEFRIB „30 STUNDEN"
GERÖSTETER BLUMENKOHL, PASTINAKE & POLENTA

BIG BEEFRIB

500 g	Rinderrippe
7 g	Räuchersalz
2 g	Pfeffer
	Thymian, getrocknet

GERÖSTETES BLUMENKOHL-PÜREE

100 g	Blumenkohl, geschnitten
30 ml	Sesamöl, ungeröstet
30 g	Schalotten
10 g	Knoblauch
50 ml	Sahne
30 g	Haselnüsse, geröstet, grob gehackt

POLENTA

120 ml	Tomatenfond, weiß
20 ml	Sahne
15 g	Polenta

PASTINAKE

100 g	Pastinaken
1 l	Maiskeimöl
	Räuchersalz

ANRICHTEN

100 ml	tasmanischer Pfefferjus
250 g	Wurzelgemüse, in Papier gegart

BIG BEEFRIB

Die Rinderrippe gemeinsam mit dem Räuchersalz, Pfeffer und dem getrockneten Thymian 30 Stunden bei 65 °C sous-vide-garen. Die Rippe vor dem Servieren etwa 30 Minuten bei 70 °C heiß räuchern.

GERÖSTETES BLUMENKOHL-PÜREE

Blumenkohl, Schalotten und Knoblauch in Sesamöl langsam hellbraun rösten. Danach mit der Sahne aufgießen, einmal aufkochen lassen und in einen Pacojet-Becher abfüllen. Den Becher frieren und einmal pacossieren. Das Püree vor dem Anrichten erwärmen und mit den Haselnüssen vermischen.

POLENTA

Den Tomatenfond gemeinsam mit der Sahne aufkochen. Die Polenta einrieseln lassen und abkochen. Die gequollene Masse in eine kleine Schüssel füllen und in dieser bis zum Servieren warm halten.

PASTINAKE

Die Pastinaken mit einem Sparschäler in feine Streifen schneiden. Die Streifen im 140 °C heißem Öl knusprig frittieren und danach sofort auf Küchenpapier abtropfen lassen. Mit Räuchersalz würzen.

ANRICHTEN

Das Big Beefrib gemeinsam mit den übrigen Komponenten und dem tasmanischen Pfefferjus auf einem rustikalen Holzbrett anrichten.

ZUBEREITUNGSZEIT: 3 Stunden | **SCHWIERIGKEITSGRAD:** Schwer

SCHWEIZER STEINBRUCH

APFEL-SELLERIE-BAISER

250 ml	Apfelsaft, frisch gepresst
75 ml	Stangenselleriesaft, frisch gepresst
300 g	Kristallzucker
35 g	Albumin
100 g	Feinkristallzucker
10 ml	Wasser
100 g	Staubzucker

WIESENKÖNIGINNEN-EIS

250 ml	Milch
125 ml	Sahne
1	Ei
2	Eigelb
¼	Vanilleschote
100 g	Wiesenkräuter, frisch

GEFRORENES MOOS

100 g	Crashed-Eis
10 g	Schneesorbet
10 g	Zitronenthymiankonzentrat

KANDIERTER INGWER

100 g	Ingwer
	Läuterzucker
	Kristallzucker
	Staubzucker

SCHOKOSPLITTER

50 g	Valrhona-Schokolade
10 g	Mycro
	Lebensmittelfarbe, weiß

APFEL-SELLERIE-BAISER

Den Apfelsaft und den Stangenselleriesaft mit Kristallzucker und Albumin mixen, bis alles steif geschlagen ist. Danach Feinkristallzucker und Wasser aufkochen und vorsichtig hinzufügen. Zum Schluss den Staubzucker unterheben. Die fertige Masse 8 Stunden bei 68 °C trocknen.

WIESENKÖNIGINNEN-EIS

Die Milch, die Sahne sowie die Wiesenkräuter vakuumieren und bei 60 °C im Wasserbad für 2 Stunden infundieren. Danach die Flüssigkeit passieren und mit den restlichen Zutaten im Thermomix bei 78 °C etwa 20 Minuten garen und emulgieren. Die Masse in Pacojet-Becher abfüllen, frieren und pacossieren.

GEFRORENES MOOS

Sämtliche Zutaten in einen Pacojet-Becher füllen und einmal pacossieren. Danach den Becher einfrieren. Vor dem Servieren die Masse mit einer Fleischgabel grob zerstoßen.

KANDIERTER INGWER

Den Ingwer schälen und in feine Stifte schneiden. Viermal in Läuterzucker kochen, immer wieder passieren und in Staubzucker auskühlen lassen. Den Ingwer anschließend in Feinkristallzucker einlegen und eine Woche fermentieren lassen.

SCHOKOSPLITTER

Mycro in der Mikrowelle schmelzen und mit der Farbe färben. Die Farbe mit einem Pinsel fein auf eine dicke Folie aufstreichen und kühlen. Valrhona-Schokolade temperieren, dünn auf die Folie nachstreichen und kühlen.

ZUBEREITUNGSZEIT: 3 Stunden | **SCHWIERIGKEITSGRAD:** Schwer

MICHAEL WOLF

← GRRRR... BÖSER JUNGE UND JUNGER WILDER 2009

SCHNELL, PRÄZISE UND LEIDENSCHAFTLICH. DER VORARLBERGER MICHAEL WOLF ÜBERZEUGT DIE AMSTERDAMER FOODIES MIT SEINEN FRECHEN KREATIONEN, GERNE AUCH MIT SEINEM ÖSTERREICHISCHEN SCHMÄH. MIT GROSSEM ERFOLG.

NEID, LASS NACH

„Guat drauf musst sein." Auch wenn das Lebensmotto des gebürtigen Vorarlbergers Michael Wolf relativ kurz ist, passt es zum kulinarischen Wirbelwind doch wie die Faust aufs Auge. Ein Mann wie der Bregenzerwald: natürlich, echt und traditionell. Kombiniert mit überraschend modernen Anklängen. Und das Wichtigste: Er ist tatsächlich immer gut drauf, hat es aber auch echt drauf. Und faustdick hinter den Ohren. Das stellte schon eine begeisterte Jury bei seinem Sieg des JUNGE WILDE-Finales im Jahr 2009 fest. „Ein hohes Maß an Kreativität. Dieser Bursche wird es noch weit bringen", zollten ihm damals die prominenten Kollegen Respekt. Und recht sollten sie haben.

Zielstrebig ist Wolf und in gleichem Maße unbeschwert. Dieses Unverkrampfte findet sich auch in seinen Gerichten wieder. Schon seine JUNGE WILDE-Finalgerichte waren äußerst locker, aber präzise. Mit Kreationen wie „In Holzkohleöl gegarter Zander mit Passionsfrucht und Rotwein" oder „Dreierlei vom Kalb mit Fenchelsamen und Kartoffel-Kalbszungen-Espuma" hatte es die Jury mit ihrer Entscheidung nicht sonderlich schwer. Beachtlich auch die Stationen, die der hoch motivierte Herdzauberer schon damals auf seinem noch relativ jungen Buckel hatte: In Österreich lernte er im Romantikhotel Hirschen, dann folgten das Restaurant Bareiss (Deutschland, 3 Sterne), das Hotel Vila Joya (Portugal, 2 Sterne), Hotel Trofana Royal (Österreich, damals 1 Stern), Hotel Passo Monte Croce (Italien, 14 Gault-Millau-Punkte), Restaurant La Vida (Spanien), Restaurant Le Cirque (Holland, 1 Stern), das Restaurant Harry's Time (Österreich, 14 Gault-Millau-Punkte) und das Orangerie Hotel Palm Beach in Maspalomas (Gran Canaria). Nach seinem Sieg dann die wohl aufregendste Station beim holländischen Kulinarik-Weltstar Sergio Herman im Oud Sluis (20 Gault-Millau-Punkte, 3 Michelin-Sterne), wo er zuletzt als Sous Chef arbeitete.

Auf Vermittlung seines Mentors Herman startete er 2010 im Envy in Amsterdam als Küchenchef, wo er seither jährlich mit 14 Gault-Millau-Punkten ausgezeichnet wird. Klare Linien auf dem Teller und gewagt die Kombinationen: Das ist die Philosophie des lebensfrohen Kochtalents. Schon als Kind hatte er nur das Kochen im Sinn. „Damals waren die Gerichte jedoch noch nicht so ausgereift, da mussten meine Eltern Soletti mit Ketchup verkosten", erinnert er sich zurück. So perfekt er den Geschmack inszeniert, so locker ist Wolf privat.

BIN BEIDES...

Wärst du lieber gut aussehend oder reich?

DER WOLF IM SCHAFSPELZ

Family rules. So das kurze Motto des in Schwarzenberg City aufgewachsenen Vorarlbergers. Vor allem seine Eltern stellt Michael Wolf auf ein meterhohes Podest, hat er doch die wichtigsten seiner positiven Eigenschaften von ihnen mitbekommen: Ehrlichkeit vom Herrn Papa und das Kochtalent von Frau Mama. Aber auch zu seinen zwei Brüdern hat er ein ganz außergewöhnlich gutes Verhältnis: „Schon in unserer Kindheit waren wir unzertrennlich und haben sicher die eine oder andere Dummheit ausgefressen", erzählt er selbstbewusst von kleinen Jugendsünden, „und das hat sich eigentlich bis heute kaum verändert."

Als eine weitere wichtige Konstante in seinem Leben hat sich seine holländische Freundin Britt erwiesen. Die studierte Kommunikationswissenschafterin ist nun bereits seit vielen Jahren an der Seite des Österreichers und schafft es, ihn nach anstrengenden Tagen in kürzester Zeit wieder herunterzuholen. „Ich bin froh, dass sie nicht in der Gastronomie arbeitet. Sie ist als Marketing-Managerin bei KPN, einem niederländischen Telekommunikationskonzern, tätig. So kann ich nach der Arbeit gut abschalten und wir unterhalten uns über völlig andere Dinge", schwärmt Wolf über die wichtige Frau an seiner Seite.

Gemeinsam gehen die beiden auch ihrer großer Leidenschaft nach, dem Reisen. Bevorzugt nach Portugal, Mallorca oder Costa Rica. Und dann steht beim Kreativkoch vor allem eines auf der Tagesordnung: Surfen. „In meinem ersten Jahr in Portugal hat mir der Hausmeister der Vila Joya das Surfen beigebracht und seitdem hat mich dieser Sport nicht mehr losgelassen. Weitere Hobbys habe ich nicht, das lässt die Zeit als Koch nicht wirklich zu." Wenn irgendwann dann doch noch Zeit übrig bleibt, dann urlaubt Wolf am liebsten zu Hause in Schwarzenberg, denn besser relaxen und ausspannen als bei Freunden und Familie könne er nirgends. Und wenn er wirklich einmal einen draufmachen will, dann geht er bevorzugt mit Freunden in Schwarzenberg oder in Amsterdam aus. Und dabei spielt es keine Rolle, ob das funkige Clubs mit House-Musik oder gute Bars mit gepflegtem Gitarren-Sound sind: „Das Wichtigste ist doch letztendlich, dass du eine gute Zeit mit deinen Freunden und deiner Freundin hast, egal wo auf der Welt das ist."

1984
11. März

ist:
immer gut drauf und Fan
des DJs Pan-Pot

liebt:
surfen

hasst:
Mails zu checken

GILLARDEAU AUSTER
MIT YUZU, SOJA UND GURKE

YUZU-SOJA-VINAIGRETTE

100 ml	Yuzu-Saft
100 ml	Sojasauce
40 ml	Olivenöl
2	Limonenschalen

AUSTERNMAYONNAISE

16	Austern
100 g	Eiweiß, pasteurisiert
400 ml	Olivenöl
1 Bd.	Petersilie

AUSTERNCHIPS

200 g	Sushi-Reis
200 g	Austern
400 ml	Austernwasser
	Salz

GARNITUR

Gurken
Keimlinge
Austernpulver
Shiso-Purple-Kresse
Limonen-Kresse

YUZU-SOJA-VINAIGRETTE

Alle Zutaten zusammenmixen.

AUSTERNMAYONNAISE

Austern, Eiweiß und Petersilie mixen und danach mit Olivenöl zur cremigen Mayonnaise binden. Durch ein feines Sieb passieren.

AUSTERNCHIPS

Sushi-Reis mit viel Wasser komplett gar kochen. Den Reis mit kaltem Wasser spülen und danach gut abtropfen lassen. Austern öffnen und das Austernwasser aufbewahren. Den Reis zusammen mit den Austern und dem Austernwasser sowie etwas Salz in den Mixer geben und zu einer glatten Masse mixen. Danach die Masse dünn auf Silpat-Matten (es kann auch Backpapier verwendet werden) auftragen und im Ofen bei 120 °C 25 Minuten lang backen.

ZUBEREITUNGSZEIT: 25 Minuten | **SCHWIERIGKEITSGRAD:** Leicht

LANGUSTINE MIT BERGAMOTTE
KAROTTENCREME UND DILL-ÖL

BERGAMOTTEN-GRANITÉ

100 ml	Bergamotten-Zitronensaft
10 ml	Gin
10 ml	Champagner
100 ml	Zuckerwasser

KAROTTENCREME

4	Karotten
2	Schalotten
1	Knoblauchzehe
200 ml	Hühnerfond
100 g	Butter
100 ml	Weißwein

DILL-ÖL

100 ml	Olivenöl
2 Bd.	Dill

ZITRONENGEL

200 ml	Zitronensaft
100 ml	Zuckerwasser
100 ml	Wasser
12 g	Agar-Agar
8 g	Gellan

GARNITUR

- Radieschen
- Kohlrabi
- Sorrelblätter
- Bean Blossoms
- Rote-Bete-Blüten
- Tahon-Kresse

BERGAMOTTEN-GRANITÉ

Für das Bergamotten-Granité alle Zutaten vermengen und ins Eisfach legen.

KAROTTENCREME

Die Schalotten und den Knoblauch fein schneiden und in einer Sauteuse kurz in der Butter anbraten. Die Karotten schälen und in feine Würfel schneiden. Karottenwürfel dazugeben und mit Weißwein ablöschen. Den Hühnerfond beigeben und langsam köcheln lassen. Danach im Mixer fein pürieren.

DILL-ÖL

Olivenöl und Dill gut mixen und danach durch ein feines Tuch abseihen.

ZITRONENGEL

Alle Zutaten zusammenmengen und etwa eine Minute kochen lassen. Die Zutaten im Kühlschrank abkühlen lassen und danach im Mixer glatt mixen.

ZUBEREITUNGSZEIT: 20 Minuten | **SCHWIERIGKEITSGRAD:** Leicht

GEGRILLTER STEINBUTT
MIT RUCOLA-CREME, MUSCHELN UND KEFIR

RUCOLA-CREME

100 ml	Eiweiß
500 g	Rucola
300 ml	Sojaöl
2	Zitronen
10 ml	Chardonnay-Essig
2 g	Xanthan

KEFIR-VINAIGRETTE

4	Kefirlimonen-Blätter
2	Zitronengras-Stängel
2	kleine rote Chilischoten
100 g	Ingwer
1 Bd.	Minze
4	Limonen
240 ml	Sojaöl
160 ml	Chardonnay-Essig
1 Bd.	Koriander

MUSCHELSAUCE

400 g	Muscheln
100 g	Butter
2	Schalotten
2	Thymianzweige
100 ml	Weißwein
100 ml	Sahne

GARNITUR

Mini-Karotten, gekocht
Mini-Fenchel, gekocht
Palmkohl-Blätter
Linsen-Kresse, Borage-Kresse
rote Zwiebeln, Schnittlauch
Cherrytomaten
Knoblauchstängel

RUCOLA-CREME

Eiweiß, Xanthan und Rucola mixen und mit Sojaöl binden. Saft und Schale von den Zitronen beigeben und mit Chardonnay-Essig abschmecken.

KEFIR-VINAIGRETTE

Für die Kefir-Vinaigrette alle Zutaten zusammengeben und eine Stunde ziehen lassen. Danach durch ein feines Tuch passieren.

MUSCHELSAUCE

Die Muscheln gut waschen und bei Wasserdampf 2 Minuten im Ofen steamen. Muscheln aus der Schale holen und für die Garnitur aufbewahren. Butter, Schalotten und Thymian kurz sautieren und mit Weißwein ablöschen. Danach Muschelsaft und Sahne dazugeben und langsam köcheln lassen.

ZUBEREITUNGSZEIT: 25 Minuten | **SCHWIERIGKEITSGRAD:** Leicht

F&B LAMM

Aus einem ganzen Lamm können mehr als 20 Gerichte gekocht werden. Da sollte man allerdings mit mehr als einem Filet umgehen können. Hier sind die Underdogs im Überblick!

PANSEN

Zum Verzehr aufbereitet, wird der Vormagen als Kutteln bezeichnet. Insbesondere in Kuttelsuppen findet das Fleisch Verwendung und ist zudem in einigen Nationalgerichten wie dem spanischen Gallo Madrileño oder dem schottischen Haggis stets vertreten.

HODEN

Sofort nach der Schlachtung werden dem Tier die Hoden entfernt, um den typischen, aber unerwünschten Hammelgeschmack zu vermeiden. Als Gericht werden sie wie Kalbsbries zubereitet und haben eine besonders feine Konsistenz.

LABMAGEN

Der Labmagen entspricht dem tatsächlichen Magen des Tieres, während die anderen Mägen als Vormägen zu bezeichnen sind. Kulinarisch spielt der Labmagen eine eher untergeordnete Rolle, macht sich aber hervorragend in Eintöpfen und Suppen.

DARM

Der Darm eines Schafes wird zwischen neun und zwölf Meter lang. Gereinigt und gestülpt wird er zum Wursten verwendet. Wurstwaren, die in Naturdarm gefüllt werden, gelten generell als hochwertiger, da auf künstliche Inhaltsstoffe verzichtet werden kann.

HERZ

Das Herz ist naturgemäss der einzige Muskel, der Tag und Nacht arbeitet. Aus diesem Grund zeichnet sich das Fleisch durch eine besondere Zartheit aus. Die Exklusivität des Fleisches kommt am besten roh als Carpaccio, paniert und rosa gebraten zur Geltung.

BAUCHLAPPEN

Der Bauchlappen ist das dünne Muskelgewebe, das die Bauchhöhle des Tieres umgibt. Besonders eignen sich die Bauchlappen von Lamm oder Kalb zur Herstellung von Rollbraten oder von Ragouts.

NIEREN

Klassische Gerichte, die aus der Lammniere zubereitet werden, sind die sogenannten „sauren Nieren". Die Lammniere kann vom Geschmack her mit der Kalbsniere verglichen werden, ist aber etwas intensiver.

LEBER

Die Leber des Lamms ist geschmacklich kaum von einer Kalbs- oder Rindsleber zu unterscheiden. Roh als Carpaccio gilt sie als Delikatesse, ist allerdings aufgrund des typischen Geschmacks nicht für jeden Gaumen geschaffen.

ROMAN WURZER

schwebt auf seiner eigenen Wolke und gewinnt von dort aus den Titel 2010

SEIN TAG SCHEINT MEHR ALS 24 STUNDEN ZU HABEN. GESCHÄTZT MINDESTENS 50.
UND GAS GIBT DER JUNGE WILDE 2010 DAVON JEDE MINUTE. ANSONSTEN KÖNNTE
MAN SICH DEN AUFSTIEG DES SMARTEN KREATIV-RIESEN GAR NICHT ERKLÄREN.

DER 50-STUNDEN-MANN

Langeweile ist für den gebürtigen Salzburger ein Fremdwort und gleichzeitig auch ein Unwort. Ansonsten hätte Roman Wurzer es mit seinen überschaubaren Lenzen wohl auch noch nicht so weit gebracht: JUNGER WILDER 2010, daraufhin gleich die Beförderung zum Sous-Chef in Döllerer's Genusswelten in Salzburg. Mit damals erst 22 Jahren. Sein persönliches Erfolgsrezept: Leidenschaft als elementare Zutat, die auch in jedem einzelnen seiner Gerichte vertreten ist. Die Inspiration holt er sich beim Produkt. Wenn sich dann vor Wurzers geistigem Auge wie so oft eine neue Kreation auftut, wird sofort ausprobiert, wie sich diese auf dem Teller macht. Das Ergebnis ist auf jeden Fall „wild.modern.kreativ.", denn so betitelt der knapp zwei Meter große Jungspund seine Art zu kochen. Ganz wie es einem JUNGEN WILDEN gebührt.

Als er die Konkurrenz im Finale 2010 weit hinter sich ließ, nannte Roman Wurzer seinen Küchenstil noch freaky, modern und ausgeflippt. Die Betitelung seiner Küchenlinie ist dabei das Einzige, was der zielstrebige Kreativgeist seit seinem fulminanten Sieg 2010 adaptiert hat. All seine unmittelbar nach dem Grande Finale der JUNGEN WILDEN proklamierten Vorhaben und Ziele hat er nämlich mit Bravour erreicht. Denn schon damals meinte Wurzer, bei seinem Idol 3-Sterne-Koch Joachim Wissler zu arbeiten, stünde noch auf der To-do-Liste. Na ja, und auch darunter kann er jetzt, nach einem Jahr Kochen bei Wissler im Restaurant Vendôme im Grandhotel Schloss Bensberg in Bergisch Gladbach, ein wohlverdientes „Check" setzen. Weitere Stationen machte er bisher in der Gastwirtschaft Floh in Langenlebarn, im Restaurant Taubenkobel bei Walter Eselböck, der 19 Punkte im Gault Millau für sich verbucht, und eben auch bei Andreas Döllerer. Dieser wurde selbst für seine grandiose Küche von Gault Millau als Koch des Jahres 2010 ausgezeichnet. Ein paar Jahre will der junge Kreativ-Koch seine Fühler noch im In- und Ausland ausstrecken, um Erfahrungen zu sammeln. „Von überall nehme ich etwas mit. Von Josef Floh habe ich den Umgang mit den Kollegen und Produktraritäten gelernt. Bei Walter Eselböck die strenge Disziplin und von Andreas Döllerer die Leidenschaft für das Handwerk." Joachim Wissler, so Wurzer, sei seiner Zeit sowieso voraus. Es bleibt abzuwarten, was passiert, wenn der JUNGE WILDE all seine Erfahrungsschätze kräftig mixt und dazu mit seiner eigenen Raffinesse würzt. Fest steht nur eines: Es wird definitiv wild.modern.kreativ.

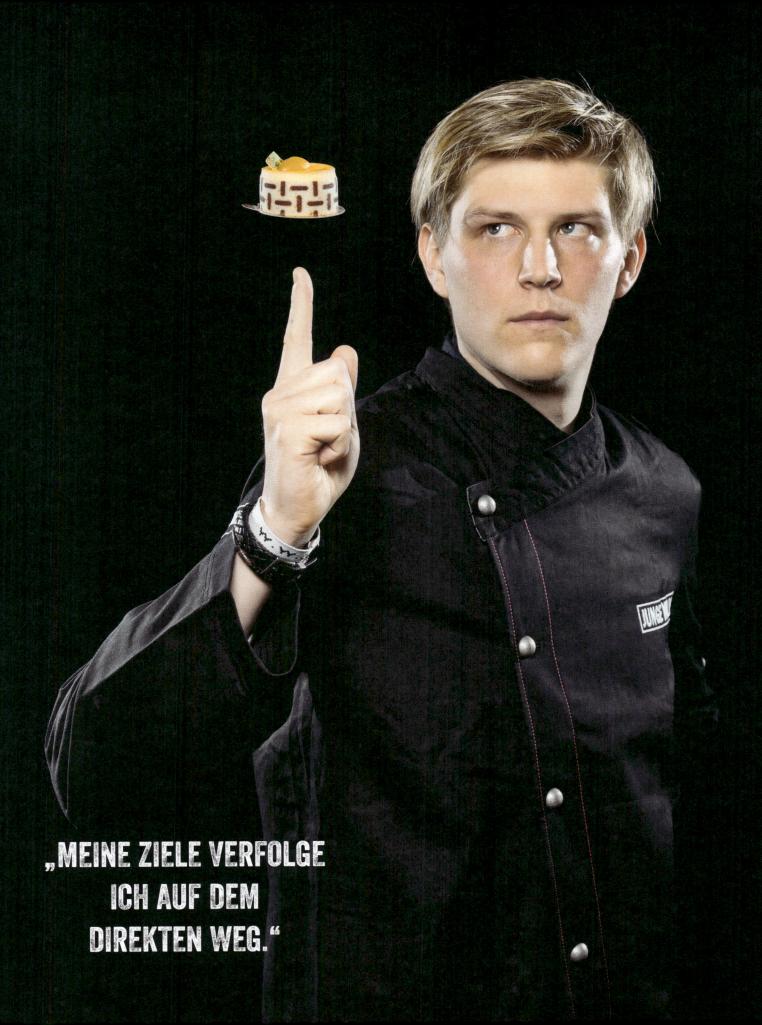

Shopping mit 5 Frauen

Das Wildeste, was du jemals getan hast?

SING, SWING UND FREI SCHNAUZE

So viel schon einmal vorweg: Kochen ist für diesen Aufsteiger nicht nur Beruf, sondern seine große Leidenschaft. Alles andere läuft dann nur mehr unter Hobbys. Wie beispielsweise singen oder auch gerne einmal die spontane Rezitation von Gedichten: „Ich lerne leicht Texte auswendig und habe diese als Volksschulkind auch vorgetragen, wenn ich gerade Lust dazu hatte." Ob er seine Kollegen auch heute noch damit beglückt, wollen wir an dieser Stelle im Geheimen lassen.

In den Bergen ist er auch gerne, dort kann er zumindest mit Schillers „Die Glocke" nur Steinböcke und Murmeltiere verschrecken. Heute allerdings auch nur mehr sporadisch, weil der JUNGE WILDE 2010 etwas träge geworden sein soll. Behauptet er zumindest von sich selbst.

Gerade sind die Berge auch in weite Ferne gerückt, denn der 2-Meter-Mann kann momentan nur den Schlossberg mit überschaubaren 474 Meter Höhe besteigen. Roman Wurzer ist nämlich, nach einer Stippvisite in Wien, ab Mai 2013 dabei, den Gipfelsieg in Österreichs zweitgrößter Stadt, Graz, anzutreten. Fern ab seiner Heimat Salzburg, die er zuweilen vermisst – aber nur weil das Bekochen seiner Liebsten zu einer seiner Lieblingsbeschäftigungen zählt. „Wenn alle um einen Tisch sitzen und wir einfach eine schöne Zeit gemeinsam verbringen, dann ist das das Größte für mich." Die von ihm perfekt in Szene gesetzten Kalorien werden dann beim Fußballspielen abtrainiert. Aber weniger um die Kalorienbilanz wieder in den grünen Bereich zu korrigieren, sondern einfach weil es ihm Riesenspaß macht. Dem runden Leder ist der Koch aus Leidenschaft auch am Computer zugetan. Immerhin hat das Playstation-Spielen mit seinem kleinen Bruder schon Traditionsstatus. Für einen waschechten Salzburger gehört es sich natürlich auch, ein großer Fan von Red Bull zu sein. Das Bullengebräu trinkt er gerne und auch der Fußball, den die gesponserte Mannschaft spielt, findet der JUNGE WILDE nicht übel. Da muss er dann aber selbst lachen. Das tut er nämlich auch gerne. Weil ja einem bekanntlich alles leichter fällt, wenn man lacht. Ob das aber das ultimative Geheimrezept des Senkrechtstarters ist, bleibt sein wohlbehüteter Schlüssel zum Erfolg. Wie das Singen.

1987
30. Dezember

ist:
knapp zwei Meter groß

liebt:
Salzburg

hasst:
gewürzlose Küche

virtuell da daheim:
www.romanwurzer.at

RIND.GÄNSELEBER.SENF.

RINDERTATAR

150 g	Rindslungenbraten
	Olivenöl, Fleur de Sel
	Salz, Zitronenpfeffer

GÄNSELEBER

150 g	Gänseleber
3 g	Meersalz
1 g	Pökelsalz
1 g	Staubzucker
1 g	brauner Zucker
30 ml	Portwein, weiß
15 ml	Madeira
10 ml	Weinbrand
3 ml	Kalbsjus
	Piment, Kardamom, weißer Pfeffer

SENFCREME

50 g	Sauerrahm
20 g	Crème fraîche
	Dijonsenf, Estragonsenf
	Honig, Salz, Pfeffer

PULVER VON BRAUNER BUTTER

55 g	Maltodextrin
25 g	braune Butter
5 g	Haselnussbrösel
	Salz

ANRICHTEN

½ Bd.	Sauerklee
	Wachteleigelb
	Affilla Cress, Daikon Cress
	Sechuan Cress

RINDERTATAR

Rindslungenbraten zuputzen und fein schneiden. Mit Fleur de Sel, Zitronenpfeffer, Salz und Olivenöl abschmecken.

GÄNSELEBER

Den Portwein, den Madeira und den Weinbrand auf ingesamt 20 Milliliter einkochen. In der Zwischenzeit die Gänseleber von den Adern befreien und in kleine Stücke schneiden. Einen Teil durch ein feines Sieb streichen. Die Gänseleberstücke mit der Gänselebercreme und den restlichen Zutaten sowie mit der Reduktion vermengen. Danach in die gewünschte Form bringen und 24 Stunden durchziehen lassen. Etwa ein Viertel der Gänseleber einfrieren, um es vor dem Servieren über den Teller zu reiben.

SENFCREME

Sauerrahm und Crème fraîche vermengen und mit Senf, Honig, Salz und Pfeffer abschmecken.

PULVER VON BRAUNER BUTTER

Die Haselnussbrösel mit dem Maltodextrin vermischen. Salz beigeben und die kalte flüssige Butter einrühren.

ANRICHTEN

Komponenten auf dem Teller anrichten und mit Wachteleigelb, Affilla Cress, Daikon Cress, Sechuan Cress und einem halben Bund Sauerklee ausdekorieren.

ZUBEREITUNGSZEIT: 30 Minuten (ohne Ruhezeit) | **SCHWIERIGKEITSGRAD:** Leicht

OKTOPUS. QUINOA. MANDEL.

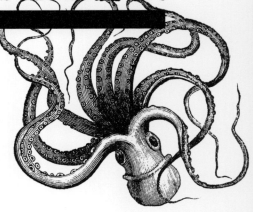

OKTOPUS

2 kg	Oktopus
10	Korianderkörner
3	Lorbeerblätter
50 g	Chorizo
100 ml	Olivenöl
2	Eiweiß
	Salz

QUINOA

1	Schalotte, geschält
10 g	Butter
100 g	Quinoa
450 ml	Geflügelbrühe
	Olivenöl
	Reisessig
	Mandelöl
	Salz, Pfeffer

MANDEL-ERDNUSS-SPONGE

1	Ei
½	Eigelb
20 g	Zucker
60 g	Erdnussbutter
10 g	Mehl
10 g	Mandelgrieß, fein gemahlen

OKTOPUS

In einem Topf Wasser zum Kochen bringen. Den Oktopus mit den Gewürzen beigeben und bei leichter Hitze köcheln lassen. Wenn der Oktopus weich gekocht ist, aus dem Topf nehmen und die Haut ablösen. Die Noppen sollten nicht entfernt werden. Den Oktopus-Kochfond auf ein Drittel der Menge einkochen. Den Fond mit angeschlagenem Eiweiß klären und 15 Minuten ziehen lassen. Danach abseihen und nochmals aufkochen. Die Chorizo fein schneiden, dem Fond beigeben und ziehen lassen. Zum Abschluss 80 Milliliter Fond und 100 Milliliter Olivenöl zu einer Marinade verrühren. Die Oktopusfüße teilen und in Olivenöl leicht anbraten. Mit der Marinade ablöschen und ziehen lassen.

QUINOA

Die Quinoakörner und die Schalotte in Butter anschwitzen, bis sie glasig sind. Den Geflügelfond in einem separaten Topf aufkochen. Mit einem Schöpfer den Geflügelfond nach und nach aufgießen und unter gelegentlichem Rühren einkochen. Diesen Schritt so lange wiederholen, bis die Quinoa gar ist, aber noch leicht bissfest. Auf die Seite stellen und ziehen lassen. Mit Reisessig, Salz, Pfeffer, Olivenöl sowie Mandelöl abschmecken.

MANDEL-ERDNUSS-SPONGE

Sämtliche Zutaten mischen und in eine iSi-Flasche füllen. 2 Kapseln in die Flasche drehen und die Masse in einen Plastikbecher spritzen. Danach in der Mikrowelle für 40 Sekunden backen. Stürzen und in Stücke brechen. Die Mandel-Erdnuss-Sponge bei 80 °C für 12 Stunden im Ofen trocknen.

ZUBEREITUNGSZEIT: 4 Stunden | **SCHWIERIGKEITSGRAD:** Mittel

MILCHREIS. HIMBEER. KOKOS.

MILCHREIS-ESPUMA

150 g	Milchreis, gekocht
150 ml	Milch
10 g	Zucker
7 g	Pro Espuma
2 Bl.	Gelatine
0,4 g	Xanthan

KOKOS-MACCARONS

80 ml	Kokosmilch
20 ml	Batida de Coco
35 g	Zucker
30 g	Trockeneiweißpulver
	Salz

KOKOS-YUZU-PANNACOTTA

50 ml	Sojamilch
150 ml	Kokosmilch
30 g	Zucker
2 ml	Rum
2 g	Agar-Agar
5 ml	Yuzusaft
15 g	Yuzupulver
1 Bl.	Gelatine

HIMBEERGEL

250 ml	Himbeerwasser
20 ml	Himbeergeist
50 g	brauner Zucker
½	Vanilleschote
6 g	Agar-Agar
2 g	Xanthan

MILCHREIS-ESPUMA

Den Milchreis mit der Milch vermengen, mixen und passieren. Die Gelatine in kaltem Wasser einweichen. Die Milchmasse leicht erwärmen und die ausgedrückte Gelatine einrühren. Danach die restlichen Zutaten hinzufügen und die Masse in eine iSi-Flasche füllen. 2 Kapseln in die Flasche drehen und kühl stellen.

KOKOS-MACCARONS

Die Kokosmilch und die Batida de Coco mit 15 Gramm Zucker, etwas Salz und dem Eiweißpulver aufschlagen. Den restlichen Zucker sukzessive hinzufügen und weiter aufschlagen, bis die Masse fest ist. Die Creme in einen Spritzsack füllen und auf ein Backpapier spritzen. Bei 60 °C trocknen lassen.

KOKOS-YUZU-PANNACOTTA

Die Gelatine in kaltem Wasser einweichen. Die übrigen Zutaten zusammen aufkochen und die ausgedrückte Gelatine beigeben. In Formen füllen und kalt stellen.

HIMBEERGEL

Das Himbeerwasser mit dem braunen Zucker aufkochen und die Vanilleschote darin ziehen lassen. Danach abseihen und abermals aufkochen. Agar-Agar, Xanthan und Himbeergeist hinzufügen und auskühlen lassen. Zum Abschluss mixen, in eine Flasche füllen und kalt stellen.

ZUBEREITUNGSZEIT: 1 Stunde (ohne Ruhezeit) | **SCHWIERIGKEITSGRAD:** Schwer

OHNE MOOS NIX LOS

DIE BESTEN IDEEN BRAUCHEN IHRE UNTERSTÜTZER. ABER SO GROSSARTIGE WIE UNSERE HAT SONST NIEMAND! DENN UNSERE PARTNER LEBEN GEMEINSAM MIT UNS DIE PHILOSOPHIE DER JUNGEN WILDEN, STECKEN IHR HERZBLUT IN DIE FÖRDERUNG UND WEITERENTWICKLUNG DER GESAMTEN BRANCHE UND SIND IDEENGEBER. DANKE – IHR SEID SPITZE!

LESENSWERTES NUDELHOLZ
WER AUF DEM LAUFENDEN SEIN MÖCHTE, LIEST ROLLING PIN.

ROLLING PIN ist der Playboy für Köche. So bezeichnete einmal Tim Mälzer das Gastronomiemagazin, von dem viele meinen, es sei das wahrscheinlich beste am deutschsprachigen Markt. Und er hat definitiv recht: Die beliebte Fachzeitschrift nimmt sich kein Blatt vor den Mund und zeigt unverblümt die nackten Tatsachen der Branche auf.

Auf den Siedepunkt gebracht heißt das 16 Mal im Jahr: Exklusive Reportagen, außergewöhnliche F&B-Fachartikel, internationale News, motivierende und provokante Karriere- und Managementthemen, faszinierende Porträts über Köche, Gastronomen und Hoteliers sowie der große Karriereteil sind der Grund, weshalb ROLLING PIN von Zehntausenden Mitarbeitern aus der Gastronomie und Hotellerie gelesen wird. Dabei wird aber nicht nur hinter tristen Schreibtischen gesessen und eifrig in die Tasten geklopft. Die Mannschaft jettet permanent rund um die Welt, um in Kontakt mit den Branchengrößen sowie am Puls der Zeit zu bleiben. Und um die Szene auch immer wieder für den gemeinsamen Gedankenaustausch zusammenzubringen, werden regelmäßig die wichtigsten Awards und Veranstaltungen organisiert.

Highlights wie der spektakulärste Kochwettbewerb Europas JUNGE WILDE, Österreichs größtes Foodsymposium CHEFDAYS, der Branchenaward LEADERS OF THE YEAR und die ROLLING PIN Karrierelounge zählen mittlerweile zu den größten sowie erfolgreichsten Branchenevents und begeistern Tausende Zuschauer live und ein Millionenpublikum vor den TV-Schirmen.

www.rollingpin.eu

> „HAMMERGEILE PFLICHTLEKTÜRE."
> Stefan Marquard

WO GESCHMACK AUF KOMPETENZ TRIFFT
WIBERG MACHT JEDES GERICHT ZUM KNALLER.

Das perfekte Würzen und Abschmecken von Gerichten zählt zu den viel bewunderten Künsten der Köche. Aber wie es so schön heißt, muss dem Herdvirtuosen auch das Grundprodukt in bester Qualität zur Verfügung stehen, um nuancenreiche Meisterwerke, die regelrecht auf dem Gaumen knallen, zu erschaffen.

Wenn es um die idealen Gewürze und Salze geht, dann fällt in der Spitzengastronomie diesbezüglich durch die Bank nur ein Name: Wiberg. Vor allem mit seiner Linie Exquisite hat der Gewürzehersteller den kulinarischen Vogel abgeschossen. Denn die Wiberg-Exquisite-Linie verkörpert eine neue Würz-Dimension: verführerisch im Geschmack, unvergleichlich aufregend in Struktur und Duft. Die exquisite Produktrange birgt kulinarische Schätze aus den entlegensten Orten der Welt – aber auch heimische Aromen. Gemeinsam fügen sie sich schließlich zu einem Gesamtkunstwerk der Genüsse zusammen. Denn allerhöchste Qualität ist bei Wiberg Standard. Schon um beurteilen zu können, ob denn ein Gewürz auch den Anforderungen des gefragten Partners der Gastronomie entspricht, wird von den Verkostern langjährige Erfahrung, ausgeprägter Geruchssinn und ein intensives Gespür für Geschmack vorausgesetzt. Denn der Genusslieferant hält nicht nur Gaumenhighlights der besonderen Art, wie den Voatsiperifery Pfeffer aus den Tiefen des Tropenwaldes auf Madagaskar bereit sondern liefert auch noch die beste Qualität – die bleibt. Denn alle Gewürze werden nach patentierter Wiberg-Aroma-Tresor®-Technologie verpackt.

www.wiberg.eu

> „DER LETZTE SCHLIFF ZUR PERFEKTION."
>
> Roman Wurzer

JUNGER WILDER ZU

**FREIHEIT
REVOLUTION
ANDERSARTIG**

Stefan Marquard

**AUGENZWINKERN
UND NICHT ZU
ERNST NEHMEN.**

Kolja Kleeberg

**... IN DIESEM
BUCH ZU SEIN**

Roland Huber

***VORBILD SEIN
*ERNSTHAFTIGKEIT BEI
ALLER VERRÜCKTHEIT
*AM BODEN BLEIBEN
*NICHT ZU GLAUBEN,
DASS MAN JETZT DER
BESTE IST**

Oliver Scheiblauer

EINFACH GEIL!

Bernie Rieder

**DIE BESTÄTIGUNG
MEINER LEISTUNG**

Roman Wurzer

**... ANDERS, ABER
NICHT BESSER
ZU SEIN ...!**

Juan Amador

SEIN, BEDEUTET ...

VERANTWORTUNG VORBILD
Michael Wolf

DAS ZU LEBEN, WAS MAN AM LIEBSTEN TUT
Marco D'Andrea

NEUE MÖGLICHKEITEN
Gerald Angelmahr

VOLLGAS!!!!!
Michael Nährer

KREATIVITÄT UND FREIHEIT IM LEBEN UND AM TELLER
Bernd Arold

EIN HART ERKÄMPFTES ZIEL ERREICHT ZU HABEN
Stefan Csar

BEI EINER RICHTIG TOLLEN GANG MITMISCHEN ZU DÜRFEN
Marvin Böhm

BUND FÜRS LEBEN
DER SERVICE-BUND IST PARTNER DER PROFIKÖCHE.

2950 Mitarbeiter an über 38 Standorten: Der 1973 gegründete Service-Bund steht seit Jahren für Qualität mit Quantität. Dass das jedoch kein Widerspruch sein muss, demonstriert das deutsche Food-Service-Unternehmen für den Großverbraucher-Bereich durch engste Zusammenarbeit mit den absoluten Spitzenköchen, wie mit Fabian Ehrich, dem Chef des Restaurants FuH in Hamburg. Kurz: Der Service-Bund zählt zu den größten Lebensmittel-Fachgroßhändlern Deutschlands.
Die Food-Service-Profis bieten ein umfassendes Sortiment rund um den gesamten Bereich der Gastronomie und Gemeinschaftsverpflegung und die dafür wichtigen Produkte im Non-Food-Sektor. Basis-Sortimente, Trendprodukte, aber auch Sortimentsinnovationen bestimmen das Portfolio. Dazu gehören Frischwaren, Tiefkühlkost, Molkereiprodukte, Trockenprodukte und Getränke. Neben den bis zu 36.000 Artikeln von Vertragslieferanten werden mittlerweile über 1200 weitere Artikel unter der Service-Bund-Eigenmarke Servisa angeboten. Weitere Eigenmarken des Service-Bunds sind etwa FischPlus, FleischPlus, Rodeo und Gastrovinum. Letztere unterstützt Profis wie Neulinge, die die Vermarktung von Wein am Gast professionell angehen wollen. Der Service-Bund engagiert sich auch stark für gastronomische Qualität. Das erfolgt vor allem auch durch die Unterstützung prestigeträchtiger Wettbewerbe: „Wir haben junge, wilde Gedanken und wollen daher die JUNGEN WILDEN von morgen unterstützen", erklärt Service-Bund-Marketingleiter Kay Hiller die zukunftsträchtige und wegweisende Unternehmensideologie.

www.servicebund.de

> „DAS GEILE FOOD-SORTIMENT ROCKT."
>
> Fabian Ehrich

GENUSS KOMPETENZ
C+C PFEIFFER GARANTIERT GRÖSSTE SORGFALT.

Der Trauner Lebensmittelgroßhändler in österreichischem Familienbesitz ist mit acht Standorten und mehr als tausend Mitarbeitern die österreichweite Nummer eins. Mit mehr als 600 Fleisch- und Geflügelartikeln und dem größten Gastronomie-Sortiment im österreichischen Lebensmittelgroßhandel begegnet C+C Pfeiffer den steigenden Ansprüchen vor allem mit Profikompetenz – und zwar in allen Unternehmens- und Sortimentsbereichen. „Das Beste für die Gastronomie" lautet das Credo und dieses wird sorgfältig auf die jeweiligen regionalen Bedürfnisse abgestimmt.

C+C Pfeiffer ist ja weitum dafür bekannt, großen Wert auf Produkte aus der Umgebung zu legen. Diese stammen tatsächlich überwiegend aus Österreich und werden nach gesetzlichen Anforderungen und hohen qualitativen Ansprüchen ausgewählt. Zusätzlich zu den konventionellen Produkten verfügt C+C Pfeiffer auch über eine umfassende Bioproduktpalette mit einem speziellen Gastro-Sortiment. Durch die Partnerschaft mit Bio-Austria wird hundertprozentige Sorgfalt bei der Auswahl der Bioprodukte garantiert. Und auf die hohe Qualität ist Verlass. Durch kontrollierte Spezifikationen findet man bei C+C Pfeiffer nur die beste Ware, ein starkes Qualitätsmanagement und tägliche Kontrollen der Frische sorgen für einen gleichbleibend hohen Standard.

Dazu kommt Kompetenz, die man spürt: Bei C+C Pfeiffer ist die Freude an der Arbeit ein wichtiger Faktor. Diese Freude erlebt man auch. Ob beim Service, bei der Beratung, beim Umgang miteinander sowie beim Kontakt mit dem Kunden.

www.ccpfeiffer.at

> **„MIR GEFALLEN DIE STRENGEN RICHTLINIEN."**
> Roland Huber

TAKE IT iSi!
iSi BIETET SMARTE LÖSUNGEN FÜR SMARTE KÖCHE.

Wer kennt ihn nicht, den Gourmet Whip von iSi. Seit Jahren zählt das smarte Küchentool zur Basisausstattung einer jeden Profi-Küche. Zwar bildet der iSi Gourmet Whip auch heute noch das Fundament für innovative Kochkonzepte, zur Produktpalette des in mehr als 80 Ländern tätigen Unternehmens haben sich aber längst weitere innovative und speziell für den Einsatz in der modernen Gastronomie entwickelte Geräte gesellt. Was mit den im Gourmet Whip hergestellten Espumas des spanischen Spitzenkochs Ferran Adrià seinen Anfang nahm, hat mittlerweile einen Siegeszug um die ganze Welt angetreten: vom multifunktionalen Gourmet Whip bis hin zum Thermo Whip, der stundenlang kalt oder warm hält. iSi bietet Profiköchen die Möglichkeit, ihrer Kreativität freien Lauf zu lassen. Köstlich-leichte Schäume, Saucen, Suppen, Desserts oder Sahnekreationen gelingen mit dem iSi-System im Handumdrehen.
„Wer seine Gäste mit immer wieder neuen, überraschenden Kreationen begeistern will, hat mit iSi das perfekte Tool zur Verfügung", schwärmt auch Bernie Rieder von den smarten iSi-Geräten. „Es gibt unendlich viele Einsatzmöglichkeiten und Zutaten, die für die Zubereitung mit dem Gourmet Whip geeignet sind." Bei iSi zählen aber nicht nur die inneren Werte – es versteht sich von selbst, dass auch die Verarbeitungsqualität der Edelstahlflaschenkörper und -köpfe sowie das ergonomische Design der iSi-Geräte den Ansprüchen echter Profis gerecht werden. So viel Innovationsgeist lässt keine Zweifel darüber aufkommen, dass iSi mit seinen Produkten noch viele Generationen begeistern wird.

www.isi.com/culinary

> **„DAS ULTIMATIVE TOOL DER MODERNEN KÜCHE."**
> Bernie Rieder

EINE STARKE SYMBIOSE
NESPRESSO BRINGT TOP-QUALITÄT IN TOP-KÜCHEN.

Seit vielen Jahren steht der Name Nespresso stellvertretend für Pioniergeist, Exklusivität, Perfektion und Leidenschaft zu Kaffee höchster Güte. Die Kombination aus dem technisch ausgereiften Kaffee-Kapselsystem, einfach zu bedienenden Maschinen und der konsequenten Auswahl bester Kaffeesorten hat den in Lausanne ansässigen Premium-Kaffeehersteller zum weltweiten Pionier und Marktführer für portionierten Spitzenkaffee gemacht. Mit einer unvergleichlichen Auswahl der besten Grands Crus aus aller Welt begeistert Nespresso Kaffee-Aficionados sowohl in den eigenen vier Wänden als auch in Gourmetrestaurants und Luxushotels rund um den Globus.

Mit über 700 internationalen Top-Restaurants pflegt Nespresso eine Partnerschaft, die vor allem von der gemeinsamen Liebe zu Produkten von exzellenter Qualität und Leidenschaft für geschmackliche Innovation genährt wird. Neben den exklusiv für die Spitzengastronomie ausgewählten Grands Crus arbeitet Nespresso kontinuierlich an der Entwicklung von Kaffeemaschinen, die durch höchste Funktionalität und Top-Design die Welt der Gastronomie revolutionieren. Die symbiotische Beziehung zwischen Nespresso und der Haute Cuisine findet auch in Veranstaltungen wie den Nespresso Gourmet Weeks oder der Chef Academy, im Zuge derer Spitzenköche exklusive Kaffee-Trainings absolvieren, ihren Niederschlag. Und nicht zuletzt macht Nespresso mit der Unterstützung eines hochkarätigen Kochwettbewerbs wie den JUNGEN WILDEN seinem Namen als hoch innovatives, qualitätsorientiertes Unternehmen alle Ehre.

www.nespresso.com/pro

> „KAFFEE & SCHOKOLADE. WHAT ELSE?"
>
> Marco D'Andrea

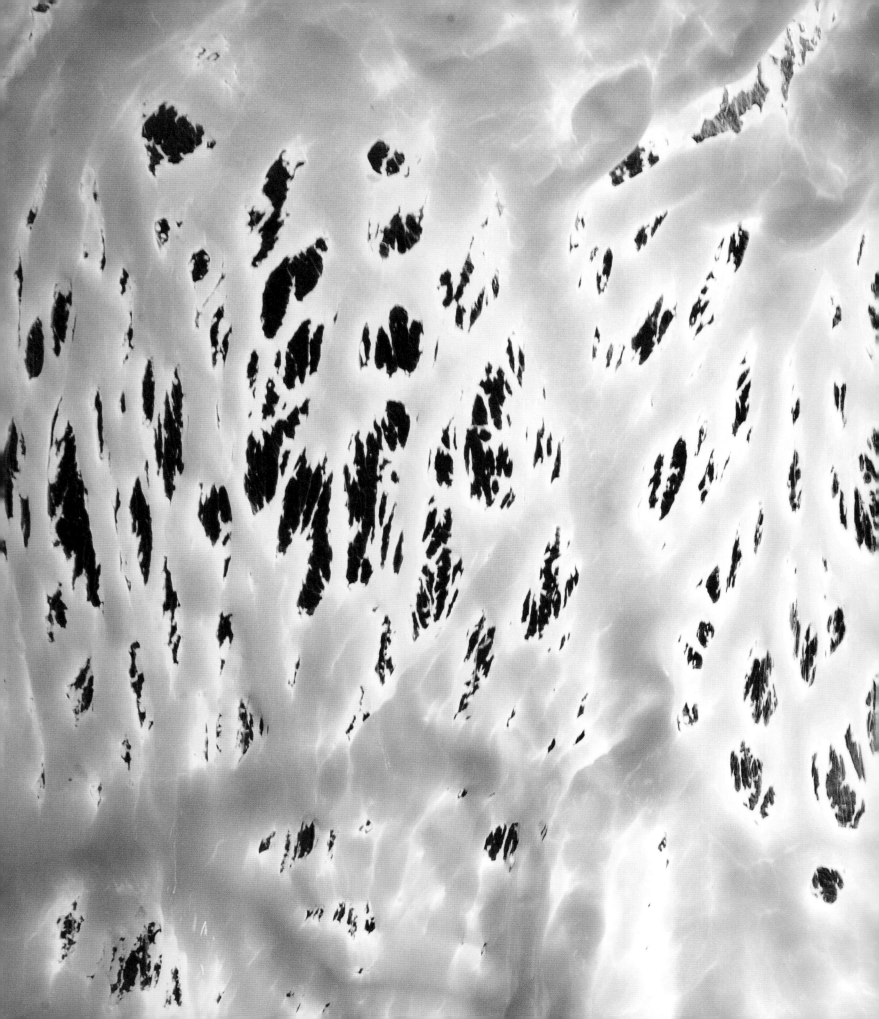

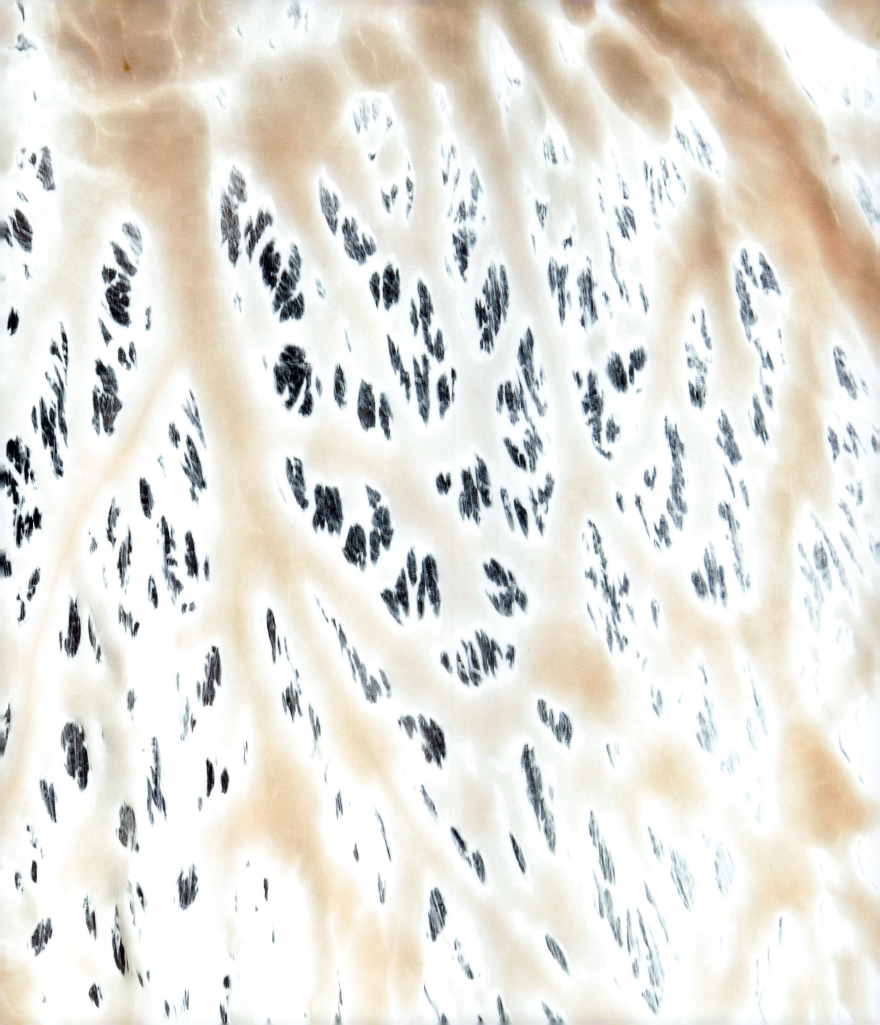

DU BIST ABER EIN HÜBSCHES DING
MIT ZIEHER WERDEN PRAKTIKER UND SCHÖNGEISTER GLÜCKLICH.

Es gibt Unmengen an Tellern, die sehr schön aussehen. Gut. Top wäre aber noch, wenn diese dem Prinzip „form follows function" wirklich folgen würden. Und genau das hat sich Zieher auch gedacht! Die Marke Zieher steht für innovatives Design im Tabletop- und Buffetbereich für Luxus-Hotels und Spitzenrestaurants weltweit, aber hat auch perfekte Lösungen für innovative Gastronomie, in der engagierte Profiköche neue Trends setzen. Materialübergreifende Produkte aus Glas, Edelstahl, Schiefer, Porzellan und Materialkombinationen daraus lassen hochwertige moderne Geschirre und Buffetsysteme entstehen. Der Hersteller entwickelt seine Kreationen in engster Zusammenarbeit mit Profis direkt aus der Branche. So geschehen beispielsweise bei der Serie A, die in Zusammenarbeit mit Spitzenkoch und Sous-vide-Papst Heiko Antoniewicz aus der Taufe gehoben wurde. Die Serie besteht aus verschiedenen Tellern und Schalen aus Porzellan oder Glas. Platzteller in zwei Versionen, die für sich alleine oder mit verschiedenen Aufsätzen verwendet werden können, bilden die Basis des Systems. Formschöne Silikonringe in zwei Größen ermöglichen das Stapeln der verschiedenen Aufsätze und garantieren absolute Rutschsicherheit. Diese Zwischenstücke können als bewusstes Gestaltungselement aber auch nahezu unsichtbar eingesetzt werden. Kurz: Die vielfältigen Geschirr- und Glasserien von Zieher ermöglichen dem kreativen Koch zahlreiche neue Präsentationsmöglichkeiten, um neben dem Geschmack auch durch die Optik bei den Gästen einen bleibenden Eindruck zu hinterlassen.

www.zieher.com

> „ZIEHER HAT DIE GRAND-DAME-VERSION EINES TELLERS."
>
> Stefan Csar

FÜR DIESE KÜCHE BRENNT DAS HERZ
MIT LOHBERGER BEKOMMT IHR SCHATZ IDEALMASSE.

Ihr Babe ist die Schönste? Ausgestattet mit gleich zwei riesigen Pacojets mit extragroßem Fassungsvermögen, einem Holzkohlengrill und einem integrierten Wok mit den perfekten Rundungen? Ja, das ist vielleicht das Idealbild einer topmodernen Gastro-Küche, aber wenn sie Ihnen im Gegenzug die Marge vom Kopf frisst und die Hälfte der Tools gar nicht gebraucht wird, ist außer schönem Aussehen nicht viel gewesen. Damit Sie also nicht auf Oberflächliches hereinfallen, empfehlen Experten, sich Ihrem Herzblatt auch mit einer gehörigen Portion Pragmatismus zu nähern. Ganz nach dem Motto: Was brauche ich wirklich?
Exakt an diesem Punkt kommt das Unternehmen Lohberger ins Spiel. Denn beim oberösterreichischen Traditionsunternehmen stehen Qualität und Innovation immer an oberster Stelle. Untermauert von herausragendem Service. Auf jeden der Kunden wird individuell eingegangen und die Küche nach deren Wünschen und Anforderungen geplant. Stets nach dieser Philosophie handelnd, fertigt Lohberger Geräte für Großküchen und Großkochanlagen sowie eine umfangreiche Produktpalette an Festbrennstoffherden für den Haushaltsbereich.
So kann man sich beispielsweise das Küchenmodell Carat Royal von Lohberger mit ruhigem Gewissen ins Herz stechen. Denn diese kann mit Gadgets wie Induktions-Wok, Wasserbad-Grill, Pastakochern, Infrarot-Kochfeldern und allen erdenklichen Sonderausstattungen geliefert werden. Also keine Sorge, wenn da der Puls schon mal höherschlägt. Beim Anblick eines solchen Herzstücks ist das normal.

www.lohberger.com

> „VOLLE PUNKTE FÜRS KÜCHENKARMA."
>
> Oliver Scheiblauer

EINFACH SCHAUMHAFT!
HERBA CUISINE BRINGT DIE KUNST DER LEICHTIGKEIT IN TOP-KÜCHEN.

Man darf keine Herausforderung scheuen, um den Weg für wirkliche Innovationen zu bereiten. Diesem Mantra folgen die Food-Spezialisten des in Werder/Havel ansässigen Unternehmens Herbafood Ingredients schon seit jeher, und mit dem Produktportfolio von herba cuisine tragen sie ihm besonders erfolgreich Rechnung. Denn mit basic textur, einem auf rein pflanzlicher Basis entwickelten Texturgeber, revolutioniert herba cuisine die Zubereitung all jener Komponenten, die aus der modernen, leichten Küche nicht mehr wegzudenken sind. Allen voran Suppen, Saucen, cremige Dessertkreationen, locker-luftige Espumas, Schäume und Emulsionen, denen der ausschließlich aus Wasser und Zitrusfasern hergestellte farb- und geschmacksneutrale Texturgeber perfekte Konsistenz verleiht. Für Spitzenköche wie Michael Nährer sind Mundgefühl und Stabilität zwar bereits verdammt gute, aber nicht die einzigen Gründe, warum basic textur einen Fixplatz im Zutaten-Repertoire anspruchsvoller Top-Köche einnimmt. „In basic textur sind keinerlei künstliche Geschmacksverstärker enthalten, die in der kreativen Spitzenküche ohnehin keinen Platz haben sollten. Dass basic textur den Geschmack eines Gerichtes nicht verfälscht, ist von unschätzbarem kulinarischem Wert." Und weil wir gerade von Werten sprechen: Auch aus ernährungsphysiologischer Sicht kann das vielseitige Naturprodukt überzeugen, da es arm an Kalorien und Verdickungsmitteln, dafür aber reich an Ballaststoffen ist. Last, but not least, machen die kosteneffiziente und zeitsparende Herstellung sowie die saubere Dosierung aus dem iSi Gourmet Whip basic textur einfach zum perfekten Begleiter für Profis.

www.basic-textur.de

> „BASIC TEXTUR HAT DEN WOW-EFFEKT FÜR SICH GEPACHTET."
>
> Michael Nährer

TRÄNEN DER FREUDE
STEIRERKREN BRINGT DIE RICHTIGE WÜRZE.

Er hat mehr Vitamin C als Zitronen, enthält hochwertige Antioxidantien und schmeckt aufgrund seiner Schärfe zum Weinen gut: SteirerKren ist der immer frisch geriebene Meerrettich aus dem Glas. Er bringt die ideale Würze zu Fisch, Fleisch, Suppe, Salat oder direkt aufs Brot. Schon seit dem Mittelalter gilt Kren als Scharfmacher für Körper, Geist und Seele. Frisch gerieben und geputzt holt man die belebende Frische mit einer Portion SteirerKren gleich vom Feld auf den Tisch.

SteirerKren ist bereits seit vielen Jahren bei den Top-Gastronomen äußerst beliebt, da der Meerrettich aus dem Glas aufgrund einer speziellen Technik wie frisch geriebener Kren einsetzbar ist und keinen Schärfeverlust hat. Doch woher kommt die wohlschmeckende Geheimzutat? SteirerKren wird, wie der Name schon sagt, in der Steiermark, zum größten Teil rund um Feldbach, angebaut und von den Bauern direkt vom Feld ins Werk geliefert. Er liebt lehmige Böden, eine aufwendige Betreuung während seiner Vegetationsperiode und eine sorgfältige Weiterverarbeitung. Jede einzelne Wurzel muss mehrmals händisch ausgegraben und wieder eingepflanzt werden, um die Hauptwurzel von überflüssigen Nebentrieben zu befreien. Nur so wird die einzigartige Frischequalität des SteirerKrens garantiert.

In den letzten Jahren haben immer mehr Spitzenköche den SteirerKren in ihre Küchen einziehen lassen. Und mit Vorzug verwendet. Der hohe Qualitätsanspruch und die stetige Frische und Würze machen das Spitzenprodukt mittlerweile für viele japanische Spitzenköche zum neuen Wasabi.

www.steirerkren.at | www.lieblingskren.de

> „GEHT DURCH DEN MAGEN DIREKT INS HERZ."
>
> Michael Wolf

GANZ SCHÖN SCHARFE TYPEN
FRIEDR. DICK FERTIGT MESSER FÜRS LEBEN.

Es ist eine Erfolgsgeschichte, die ihresgleichen sucht: 1778 gründet Johann Friedrich Dick, ein einfacher Feilenmacher, eine Feilenhauerwerkstatt in Esslingen. Mehr als 230 Jahre später gilt die Firma Friedr. Dick als Inbegriff deutschen Qualitätshandwerks, verfügt über Niederlassungen in den USA, Frankreich und Italien und beschäftigt mehr als 250 Mitarbeiter. Aus Profi-Küchen sind die Kochmesser des Esslinger Traditionsherstellers nicht mehr wegzudenken, stehen sie doch für höchste Präzision und Schmiedekunst. „Absolute Top-Qualität ist bei Friedr. Dick keine Frage, sondern die Antwort", bringt Wilhelm Leuze, Inhaber und Geschäftsführer der Friedr. Dick GmbH, die Philosophie des Unternehmens auf den Punkt. Um den hohen Qualitätsansprüchen gerecht zu werden, durchläuft jedes Kochmesser von Dick ganze 45 Arbeitsgänge – jeder einzelne davon unter Anwendung modernster Technik und uralter Handwerkskunst. Selbstredend, dass nur hochwertigste Rohmaterialien zum Einsatz kommen und jedes einzelne Messer einer strengen Endkontrolle unterzogen wird.

Das große, speziell auf den professionellen Gebrauch abgestimmte Sortiment garantiert messerscharfe Performance in den unterschiedlichsten Einsatzbereichen. Das wissen Top-Köche wie Bernd Arold zu schätzen. „Es braucht Zeit, sein ganz persönliches Repertoire zusammenzustellen, aber ein Messer ist die wichtigste Küchenhilfe eines Kochs und im Idealfall ein lebenslanger Begleiter. Da sollte man bei der Qualität keine Abstriche machen."

www.dick.de

> „MIT EINEM TOP-MESSER IST MAN ALS KOCH QUASI VERHEIRATET."
>
> Bernd Arold

DEINE HENKERSMAHLZEIT:

TAFELSPITZ MIT
MEERRETTICHSAUCE,
SPINAT UND
KARTOFFELGRÖSTL

Stefan Marquard

MCDONALD'S

Michael Wolf

WENN ICH DAS
NUR WÜSSTE ...

Roman Wurzer

SCHWEINSBRATEN
MIT SAUERKRAUT,
GRAMMELKNÖDEL,
SERVIETTENKNÖDEL UND
EIN SEITERL BIER –
GEKOCHT VON STEFAN
MARQUARD

FUGU

Michael Nährer

Bernie Rieder

SPAGHETTI
CARBONARA!

Kolja Kleeberg

SPAGHETTI
BOLOGNESE

Marco D'Andrea

DU HAST DIE WAHL!

WAGYU BEEF, 500 G
Roland Huber

CURRYWURST & KRUG CHAMPAGNER
Juan Amador

WIENER SCHNITZEL MIT KARTOFFELSALAT
Gerald Angelmahr

SCHNITZEL MIT SPARGEL, KARTOFFELN UND HOLLANDAISE.
Marvin Böhm

BACKHENDL!
Oliver Scheiblauer

THUNFISCHSPAGHETTI À LA MAMA
Stefan Csar

SPAGHETTI BOLOGNESE
Bernd Arold

MAKING-OF

WIE KANN MAN DIE PHILOSOPHIE DER JUNGEN WILDEN ERLEBBAR MACHEN? GENAU DIESE FRAGE BRACHTE UNS AUF EINE IDEE UND DIESE IN WEITERER FOLGE ZU DIESEM BUCH: WIR SCHMEISSEN EINE EINZIGARTIGE 24-HOUR-KITCHENPARTY MIT DEN JUNGEN WILDEN IM ROBINSON CLUB AMPFELWANG UND ZEIGEN DER WELT WOFÜR DIE JUNGEN WILDEN STEHEN: KREATIVITÄT, PERFEKTES HANDWERK UND JEDE MENGE SPASS!

UND HIER NUN DER DIRECTOR'S CUT DES TAGES: VON DEN VORBEREITUNGEN DER KÖCHE, DEN ENTERTAINMENTKÜNSTEN UNSERER REDAKTEURE BIS ZUM SENSATIONELLEN EINSATZ UNSERER FOTOGRAFEN, BIS ALLE FOTOS IM KASTEN WAREN.

UND DANN WURDE RICHTIG GEROCKT, DIE KÜCHE ERNEUT VON DEN JUNGEN WILDEN SOWIE UNSEREN PARTNERN GEENTERT UND GEMEINSAM GEKOCHT UND GEFEIERT – EIN TAG UND EINE NACHT, GANZ IM SPIRIT DER JUNGEN WILDEN!

P.S.: Die nicht veröffentlichten, aber hochinteressanten Fotos der Jungen Wilden-Kitchenparty werden höchstbietend vergeben. Angebote mit ganz vielen Nullen bitte an ichwill@rollingpin.eu

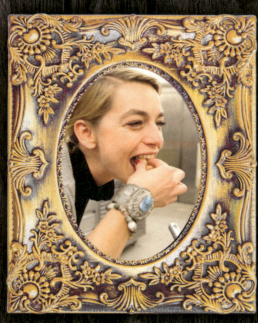
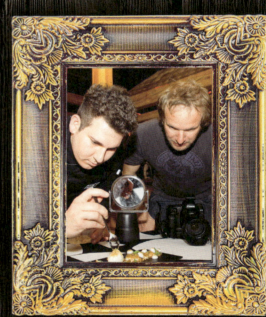

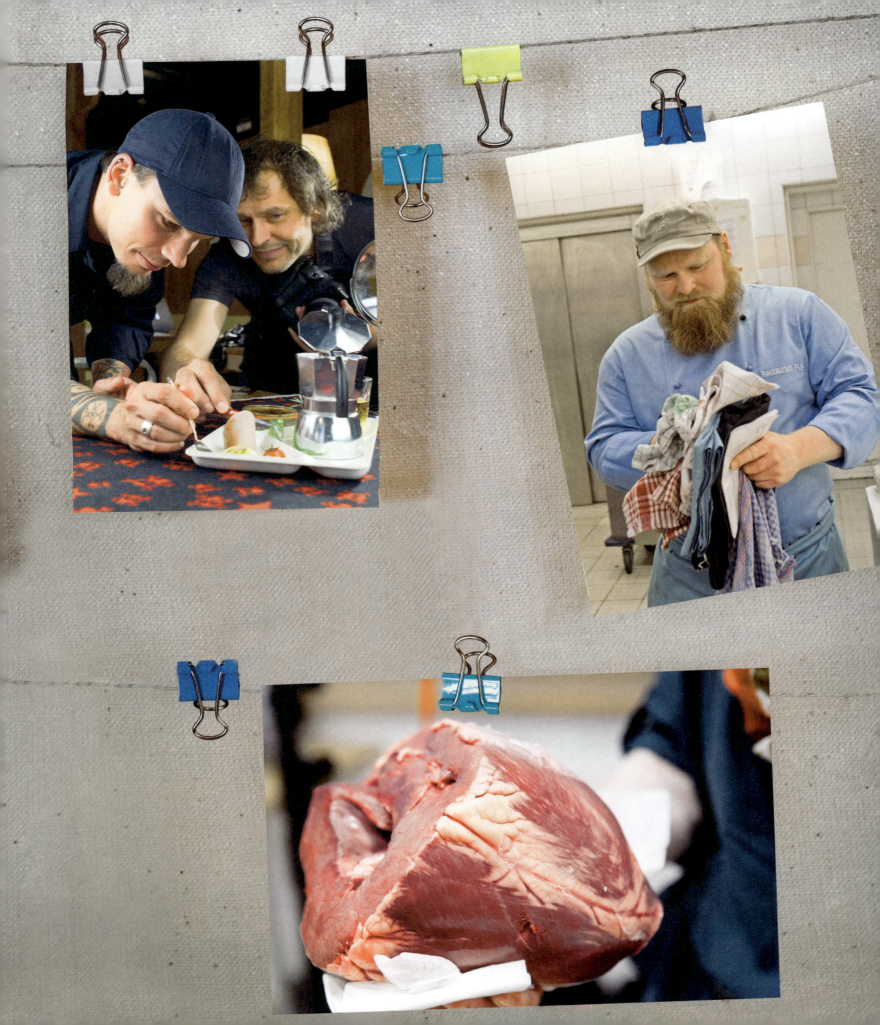

REZEPTREGISTER

– A –

Alpenlachs, lauwarm mariniert,
mit Zwiebelaromen-Schwarzbrot _____ 60

– B –

Bison, Lasagne vom, und Gemüse
auf Studentenfutter-Joghurt _____ 104

Beefrib mit geröstetem Blumenkohl,
Pastinake und Polenta
(Big Beefrib 30 Stunden) _____ 142

– C –

Custard von der Gewürzmilch, mit Schoko-
boden, Schokolack, Rote-Bete-Maccarons
und Rote-Bete-Himbeersorbet
(Brick in the Wall) _____ 18

– G –

Gänseleber – Donut – Rote Bete _____ 58

Gillardeau-Auster mit Yuzu,
Soja und Gurke _____ 150

Granité aus Vodka Lemon
mit Apfelschaum und Granatapfel _____ 120

Getreide. Milch. Topinambur.
(Korn an Korn) _____ 74

– H –

Haselnuss. Preiselbeere. Wildkräuter.
(Schokoladenkugel) _____ 70

Himbeer. Pericon. Litschi. _____ 84

Hirsch-Oberschale, 2 x, mit Kohlroulade
Steckrübe | Macadamianuss _____ 48

Hummer, knusprig gebacken,
mit geschmortem Ochsenschwanz,
Haferwurzel und Radieschen _____ 26

Hummer, Tandoori-, mit Zwiebel-Pakora
und Gurkenschaum _____ 92

– J –

Jakobsmuschel mal 2
mit Zwiebelpüree _____ 128

Jakobsmuschel mit
Petersilien-Püree, -Gelee, -Sauce
und Kalbsbries (Laubfrosch) _____ 14

– K –

Kaninchen, Essenz vom, mit Aal im Nori-
Blatt, auf Vanille-Sellerie mit Guaven-
Rauchaal-Brulée und Hopfen-Verbena _ 38

Kartoffelschmarrn, soufflierter,
mit Imperial-Kaviar _____ 94

Kokos-Butterlachs, gepierct,
auf Rahmspargel und
Spargel-Nam-Jim-Sauce _____ 106

– L –

Lachsforelle, lauwarm,
mit Banane und Kartoffel-Vanille-Espuma
(Lauwarmer Bananensplit von
der Lachsforelle) _____ 118

Langustine mit Bergamotte,
Karottencreme und Dill-Öl _____ 152

− M −

Milchreis. Himbeer. Kokos. _____ 166

− N −

Negresco von der Valrhona-Schokolade
mit Kirschen _____ 96

− O −

Ochsenbacke, in Süßholz geschmort,
mit Kamillen-Hummer auf
Radieserl-Rhabarber-Barba di Frate ___ 36

Oktopus. Quinoa. Mandel. _____ 164

Oliven-Nougat-Mousse auf
Ananas-Fenchel-Salat mit
Rosen-Ziegenmilcheis _____ 40

− R −

Räucheraaltorte _____ 132

Rhabarer – Shiso – Spargel _____ 62

Rind. Gänseleber. Senf. _____ 162

− S −

Sardine, bretonisch,
mit Blutwurst, Granny Smith,
Lardo und schwarzem Knoblauch _____ 24

Schokoladentörtchen „Ivoire", weiß,
mit Brombeere und Zirbenessig _____ 28

Seezunge. Rind. Zwiebeln.
(Mar y Mutanya) _____ 16

Short Ribs in Portwein
mit Schmorgemüse _____ 130

Shisoeis-Kugel mit Spargelcreme
und Shiso- Sponge _____ 12

Surf and Turf „Hongkong Style"
mit Chicorée-Salat, Meerrettich-Espuma
und Garnelen-Tatar _____ 46

Spargel. Limonenseitlinge. Zunge. ____ 80

Spargeltatar mit Limetten
und Erbsenschoten _____ 116

Steinbutt, gegrillt,
mit Rucola-Creme, Muscheln
und Kefir _____ 154

Seeteufel, Brikett vom sauren,
mit zweierlei vom gekochten Ochsen _ 108

− T −

Taube. Kohlrabi. Bärlauchwurzel. ____ 82

Tropischer ‚N'Espresso
Eingelegte Ananas mit Kaffeesatz,
Mangosauce und Schokoladekapseln _ 50

− W −

Wels, steirisch, mit Santo-Stefano-Linsen
und 9-jährigem Balsamico
(Grüße aus dem steirischen Meer) ____ 140

Wiesenkräutereis mit Apfel-Sellerie-Baiser,
gefrorenem Moos und kandiertem Ingwer
(Schweizer Steinbruch) _____ 144

− Z −

Zitronenthymian-Tarte _____ 72

MENÜREGISTER

JUAN AMADOR
Laubfrosch _____ 14
„Mar y Mutanya"
Seezunge. Rind. Zwiebeln. _____ 16
Brick in the Wall _____ 18

GERALD ANGELMAHR
Bretonische Sardine mit Blutwurst,
Granny Smith, Lardo
und schwarzem Knoblauch _____ 24
Knuspriger Hummer – geschmorter
Ochsenschwanz mit Haferwurzel
und Radieschen _____ 26
Weißes „Ivoire"-Schokoladentörtchen
mit Brombeere und Zirbenessig _____ 28

BERND AROLD
Süßholz-Ochsenbacke mit Kamillen-
Hummer auf Radieserl-Rhabarber-
Barba di Frate _____ 36
Hopfen-Verbena (Radler) mit gefilterter
Kaninchen-Essenz, Guaven-Rauchaal-
Brulée und aaligem Nori-Kaninchen
auf Vanille-Sellerie _____ 38
Oliven-Nougat-Mousse
auf Ananas-Fenchel-Salat
mit Rosen-Ziegenmilcheis _____ 40

MARVIN BÖHM
Surf and Turf „Hongkong Style"
mit Chicorée-Salat, Meerrettich-Espuma
und Garnelen-Tatar _____ 46
2 x Hirsch-Oberschale mit Kohlroulade
Steckrübe | Macadamianuss _____ 48
Tropischer ‚N'Espresso
Eingelegte Ananas mit Kaffeesatz,
Mangosauce und Schokoladekapseln __ 50

STEFAN CSAR
Gänseleber – Donut – Rote Bete _____ 58
Lauwarm marinierter Alpenlachs
mit Zwiebelaromen-Schwarzbrot _____ 60
Rhabarber – Shiso – Spargel _____ 62

MARCO D'ANDREA
Schokoladenkugel:
Haselnuss. Preiselbeere. Wildkräuter ___ 70
Zitronenthymian-Tarte:
Bergpfeffer. Whiskey. Limone. _____ 72
Korn an Korn:
Getreide. Milch. Topinambur. _____ 74

ROLAND HUBER
Spargel. Limonenseitlinge. Zunge. _____ 80
Taube. Kohlrabi. Bärlauchwurzel. _____ 82
Himbeer. Pericon. Litschi. _____ 84

KOLJA KLEEBERG

Tandoori-Hummer mit Zwiebelpakora
und Gurkenschaum _____ 92

Soufflierter Kartoffelschmarrn
mit Imperial-Kaviar _____ 94

Negresco von der Valrhona-Schokolade
mit Kirschen _____ 96

STEFAN MARQUARD

Lasagne vom Bison und Gemüse
auf Studentenfutter-Joghurt _____ 104

Gepiercter Kokos-Butterlachs
auf Rahmspargel und
Spargel-Nam-Jim-Sauce _____ 106

Brikett vom sauren Seeteufel
mit zweierlei vom gekochten Ochsen _ 108

MICHAEL NÄHRER

Tatar vom Spargel
mit Limetten und Erbsenschoten _____ 116

Lauwarmer Bananensplit von der
Lachsforelle _____ 118

Frozen Vodka Lemon
mit Granatapfel _____ 120

BERNIE RIEDER

Jakobsmuschel mal 2
mit Zwiebelpüree _____ 128

Short Ribs in Portwein
mit Schmorgemüse _____ 130

Räucheraaltorte _____ 132

OLIVER SCHEIBLAUER

Grüße aus dem „Steirischen Meer":
Santo-Stefano-Linsen
& Balsamico, 9-jährig _____ 140

Big Beefrib „30 Stunden":
gerösteter Blumenkohl, Pastinake
& Polenta _____ 142

Schweizer Steinbruch _____ 144

MICHAEL WOLF

Gillardeau-Auster mit Yuzu,
Soja und Gurke _____ 150

Langustine mit Bergamotte,
Karottencreme und Dill-Öl _____ 152

Gegrillter Steinbutt mit
Rucola-Creme, Muscheln und Kefir __ 154

ROMAN WURZER

Rind. Gänseleber. Senf. _____ 162

Oktopus. Quinoa. Mandel. _____ 164

Milchreis. Himbeer. Kokos. _____ 166

DANKE.

ICH MÖCHTE DIE GELEGENHEIT NUTZEN, DANKE ZU SAGEN.
DANKE AN JENE, DIE MIT IHREM EINSATZ, IHREM VERTRAUEN UND HERZBLUT
ZUR ENTSTEHUNG DER VEREINIGUNG DER JUNGEN WILDEN UND ZU DIESEM BUCH
BEIGETRAGEN HABEN.

Zuallererst danke an **HEINZ HANNER**. Als ich Heinz 2005 fragte, ob wir in seinem Restaurant den 1. JUNGEN WILDEN-Award veranstalten dürfen, hast du nur gemeint: „Ich habe keine Ahnung, was du genau willst. Aber meine Küche ist deine Küche." Lieber Heinz, danke für dein Vertrauen und dass wir dein großartiges Haus jedes Jahr aufs Neue rocken dürfen.

Vielen Dank auch an das **SCHLOSS FUSCHL**, das **HOTEL ADLON KEMPINSKI** Berlin und an meinen lieben Freund **KARL-HEINZ HAUSER**. Danke, dass wir unsere Kochduelle bei euch austragen dürfen, die perfekte Organisation und dass wir uns in jedem eurer Häuser schon ein klein wenig wie zu Hause fühlen dürfen …

Danke an meine Frau **ANGELIKA** und meinen Sohn **MATTHIAS**, die mir niemals Vorwürfe machen, sondern mir erlauben all meine Ideen durchzuziehen, damit genau solche Dinge herauskommen, wie dieses Buch.

Ohne dich, lieber **OTTO KOCH**, gäbe es die JUNGEN WILDEN nicht. Danke, dass du diese Welle losgetreten hast!

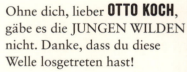

Danke an meinen lieben Freund **STEFAN MARQUARD** für dein Engagement. Du bist der Godfather der JUNGEN WILDEN.

Respekt und danke an alle jungen **KÖCHE**, die den Mut haben sich beim JUNGE WILDE-Award mit anderen zu matchen. Es ist mir eine große Freude, eurer Karriere einen Schub zu geben und dass es uns gemeinsam gelingt, den Spirit und die JUNGE WILDE-Philosophie nach außen zu tragen!

Wir sind sehr stolz, dass wir nicht nur Sponsoren sondern echte **LANGJÄHRIGE PARTNER** haben, denen die Förderung von talentierten Köchen wirklich am Herzen liegt und die die JUNGEN WILDEN mit Ideen weiterentwickeln. Danke: Ihr seid wunderbar.

Danke an **MARIO SCHILLER, BETTINA NEUBACHER & HEINZ TRAUTMANN**, vom großartigen Team des Robinson Club Ampflwang, das uns für die Produktion dieses Buches so freundlich aufgenommen und jeden noch so schrägen Wunsch erfüllt hat.

Danke an unsere Hammer-Fotografen **WERNER KRUG** und **WOLFGANG HUMMER**: Ihr habt die JUNGEN WILDEN und unsere Philosophie ins rechte Licht gerückt!

Vielen Dank auch an unsere harten, fairen, wunderschönen, witzigen, strengen und überaus kompetenten **JURY-MITGLIEDER**, darunter Roland Trettl, Ralf Zacherl, Tim Mälzer, Rudi und Karl Obauer, Andreas Mayer, Bernd Arold, Heinz Reitbauer, Thomas Kammeier, Marco Müller, Hendrik Otto, Frank Heppner, Tom Roßner & many more!
Ihr habt mit eurer Unterstützung, eurer Zeit, euren Geschmacksknospen und Urteilen dafür gesorgt, dass der Gewinner des JUNGE WILDE-Awards seine Auszeichnung auch wirklich verdient hat.

Ein riesengroßes Danke an **KATHI WOLSCHNER**: Liebe Kathi, du machst nicht nur als Chefredakteurin unserer Magazine einen sensationellen Job, sondern hast in den letzen Wochen dein Büro in eine Bastelecke verwandelt und dieses Buch zu deinem eigenen Baby gemacht.
DANKE für dein Herzblut und deinen Einsatz!

Danke an mein herausragendes Marketingteam!

Ohne **SILVANA ZETTINIG** wäre der Warenkorb leer, die JUNGEN WILDEN hätten keine Küche und niemand wüsste, dass es die JUNGEN WILDEN überhaupt gibt. **DANKE**.

Danke an **STEFFI RECHBERGER**, die dafür sorgte, dass auch alle Köche dort sind, wo sind hingehören – was ja nicht immer ganz einfach ist …

Und auch danke **CHRISTIN BACHER**. Dir haben wir es zu verdanken, dass dieses Kochbuch das Layout bekommen hat, das es verdient. Nämlich ein großartiges!

Danke an unsere fabelhaften Redakteure **STEPHANIE FUCHS, GEORG HOFFELNER** und **NINA WESSELY**. Ihr habt diese Seiten durch Wortwitz, Know-how und eurer spritzig-spitzen Feder mit Leben erfüllt!

DANKE an alle, die ich aus Platzgründen leider nicht namentlich erwähnen kann, die aber wissen welchen Anteil sie am Erfolg der JUNGEN WILDEN haben.

DANKE – LOVE, PEACE & ROLLING PIN
Jürgen Pichler

IMPRESSUM

DAS JUNGE WILDE-KOCHBUCH AUS DER EDITION ROLLING PIN IST EINE PUBLIKATION DES M.V. VERLAGES.
WWW.MVMEDIEN.COM

© 2013 by M.V. Medienconsulting & VerlagsgmbH, Graz

Alle Rechte, auch die des auszugsweisen Abdrucks oder der Reproduktion einer Abbildung, sind vorbehalten. Das Werk einschließlich aller seiner Teile ist urheberrechtlich geschützt. Jede Verwertung ohne Zustimmung des Verlages ist unzulässig. Dies gilt insbesondere für Vervielfältigungen, Übersetzungen, Mikroverfilmungen und die Einspeicherung sowie Verarbeitung in elektronische Systeme.

Projektleitung: Mag. Katharina Wolschner
Redaktionell verantwortlich für den Inhalt:
Mag. Katharina Wolschner

AutorInnen: Mag. Stephanie Fuchs | Mag. Georg Hoffelner
Nina Wessely MA. | Mag. Katharina Wolschner

Layout: Christin Bacher BA | Carina Erlach
DI (FH) Philipp Wagner

Fotografie: Werner Krug/www.derkrug.at
Wolfgang Hummer/www.wohu.at
Christin Bacher/www.christinbacher.at

Weitere Fotos im Innenteil: mit freundlicher Genehmigung der jeweiligen Köche | Shutterstock

Druck: Niederösterreichisches Pressehaus
printed in Austria
ISBN 978-3-9503065-2-1

ANMERKUNGEN ZU DEN REZEPTEN:
Alle Rezepte sind für vier Personen ausgelegt.

Für das Gelingen einiger Gerichte sind spezielle Geräte, Zutaten und professionelle Erfahrung vonnöten.

Die Zeitangaben dienen als Orientierung.
Bitte beachten Sie die Herstellerangaben bei Ihrem Gerät.